の森文庫

向谷匡史

ヤクザ式
ビジネスの「かけひき」で
絶対に負けない技術

光文社

息子よ、見よ。いかに些細な知恵で世界が支配されているのかを。（クオセンティエルナ）

はじめに

「おい、こらッ、殺《い》てもたろか！」

と、怒鳴れば脅迫罪。

ブン殴ってケガをさせれば傷害罪。

本当に殺てもうたら、殺人罪である。

これでは、いくつ身体があっても足りない。

ヤクザが「一般市民を脅して金品を巻き上げている」と思うのは実態を知らない人で、ヤクザは脅すのではない。

脅さずして、相手を恐怖に陥《おとしい》れるのだ。

この二律背反するテーマを、啖呵《たんか》と論理と強面《こわもて》の雰囲気で解決し、シノギにしていくのだから、凡庸《ぼんよう》な人間では務まらない。チンピラは論外として、ヤクザとして一流になる人間は、どんな分野に進んでいても頭角を現しているだろう。

それほど難しい世界なのだ。

すでに故人になられたが、

「ヤクザは人気商売である」

と、喝破《かつぱ》したのは、関東ヤクザ界の長老である。

米国新聞社の東京特派員から、

「ヤクザとは何ですか」

と、通訳を介して質問され、長老はそう答えたのだ。

私がこの取材をアレンジしたので同席していたが、長老一流のウイットが外国人記者には通じず、「WHY?」と目を剝《む》いていた。

「つまりヤクザは、地元の人々から慕われ、頼まれ事をし、それを解決することで飯を食うんだ」

と、昔気質《かたぎ》の長老は長々と説明していたが、頼まれ事をいかにして解決するか、ということについては、ついぞ触れなかった。

実は、この「いかにして」がヤクザのノウハウであり、エッセンスなのだ。

いかにして相手に責任《ケツ》を取らせるか、いかにして不利な形勢を逆転するか、いかにして若い衆を操るか、いかにして親分に取り入るか、いかにしてシノギするか——。

口先のごまかしで何とかなるものではない。

権謀術数《けんぼうじゅっすう》でもない。

パフォーマンスでもない。

ヤクザのノウハウとは、シノギという盆ゴザに座って命を張り、全人格を以《もっ》て臨む乾坤一擲《けんこんいってき》の「駆け引き術」なのである。

ビジネス界は、市場原理主義で動いている。

弱肉強食のことだ。

ひらたく言えば、「勝つためには何でもあり」ということだ。

すなわち、目的を達成するという手法において、「ビジネス界」が限りなく「ヤクザ界」に近づきつつあるということなのだ。

ならば、ヤクザのノウハウを先取りすべきではないか——。それが本書のテーマである。

私の知るヤクザは、ほとんどが気のいい人間たちである。

だが、ひとたび〝稼業〟のことになると、目つきが変わる。

掛け合いでは一歩も退《ひ》かない。
身体も賭ける。
かと思えば、一転して〝絵図〟も描く。
イケイケもいれば策士もいる。
本書では私が知る限りの事例を挙げ、ヤクザのノウハウをビジネスにリンクさせた。
一読すれば、目からウロコの〝駆け引き術〟であると自負する所以《ゆえん》である。

著者

目次

第3章◉部下を思いのままに操る技術

第4章◉上司を相手に自分の価値を高める技術

第5章◉クライアントの心をつかむ技術

第6章◉ **勝利の種をまく技術**

第7章◉大逆転を呼び込む技術

第1章

タフネゴシエーションを制する技術

有能なヤクザは、第一印象をいかに裏切るかを考える

「人間、底が知れたら終わりだ」

某長老が、私に諭してくれた言葉だ。

この長老は、ヤクザ業界だけでなく、政財界を含めて幅広い人脈を持ち、マスコミを賑わす事件に〝裏方〟として顔を出すことも少なからずある。

その長老が、

「人間は、ミステリアスな部分を持たなければだめだ」

と言うのである。

なぜなら、ミステリアスな部分を持つということは、その人間の行動や思考が読めないということであり、読めないが故に、人間関係において主導権を取り続けることができる、というわけだ。

実際、小物ほど評価が定まるのが早く、大物になればなるほど、

「いったい何を考えているか、底が知れない」

ということになる。

だが、底が知れないほど大物であるならともかく、我ら凡人のほとんどが、上から覗けば底が透けて見えるような〝小物〟なのだ。いったいどうすれば、〝底〟を見えなくすることができるか。

心理学の本を読むと、第一印象でその人間の印象が決まるという。第一印象は七週間たっても消えないそうだから、初対面が勝負だと説く。

だが、これは当たり前。

心理学を持ち出すまでもなく、誰だって初対面のときにはベストの自分を見てもらおうと、細心の注意を払うものだ。

有能なヤクザは違う。

第二印象、第三印象、第四印象までを考えて、第一印象を演出する。

いや、そこまで考えていなくても、彼らは無意識にそうしているのだ。周囲の人間に評価を定めさせないことが、自分を大きく、そして不気味に見せることを経験的に熟知しているからである。

凡庸《ぼんよう》なヤクザは第一印象を演出し、その延長線で立ち振る舞う。

有能なヤクザは逆で、第一印象を意図的に裏切っていく。温厚な人だと思っていたら、突如、激昂《げきこう》する。強面《こわもて》で近寄りがたいと敬遠していたら意外にやさしかったり、鷹揚《おうよう》に見えて細部にまで目を配っていたり……。とらえどころがなくて、常に相手に気を遣わせる――ここに一流と二流の差があるのだ。

では、ビジネスパーソンの場合はどうか。

誰しも、評価が定まった人間とは安心してつき合える。

「まったくA君らしいや」

「B課長は頑固だから」

「C子ちゃんはやさしいからね」

だが、評価が定まるというのは、相手にとって、つき合うのが楽だということであって、人格や能力とは一切関係ないのだ。取っつきやすいというのは、相手にしてみれば、与《くみ》し易《やす》し、なのである。

飲んだり食ったり、アフター5のつき合いだけならそれでもいいが、ビジネスは戦いの場なのだ。相手に〝与し易し〟と見られれば、それだけで大きなハンデを背負うことになる。

有能なヤクザ同様、「いかに評価を定めさせないか」ということを念頭に、自分の印象を裏切るよう努力すべきなのである。

〝恩に仇〟と感じさせない難クセ交渉術

誰に責任《ケツ》を持たせるか――これがヤクザの行動原理である。

たとえば依頼を受け、交渉に当たった結果、うまくいかなかったとする。

我々の感覚では、

「力及ばず申しわけない」

と、自分の非力を詫びる。

しかし、ヤクザもワルになると違う。

一転して、依頼者に難クセをつけ、依頼者を食おうとするのだ。

たとえば、こんなふうになる。

Q組幹部のA兄ィが、B氏から〝切り取り〟(取り立て)を依頼されたときのことだ。債権総額は一千万円で、謝礼は経費込みの〝取り半〟(取り立てた額をA兄ィとB氏と折半)。相手は、都内のファッションヘルス経営者だった。

さっそくA兄ィは、公証人役場で債権譲渡の公正証書を作成し、それを持って〝切り取り〟に出向くと、ヘルスの経営者はヤクザを出してきた。関西系のイケイケ軍団として名高いZ一家だった。

気の利いたヤクザなら、裏で手打ちにして、それぞれ依頼主から謝礼をせしめるのだが、Z一家は関東進出を目論んでおり強硬だった。A兄ィにしてみれば、一千万円程度の〝切り取り〟で、Z一家とコトを構えるのは、費用対効果からいっても割が合わない。

いや、Z一家とコトを構えるどころか、堅実派の組長が益のないドンパチなどするわけがない。A兄ィを破門にして、「Q組は関知せず」の態度をとるだろう。

そこでA兄ィは一転、依頼者のB氏に嚙みついた。

「Z一家がついてることをなんで隠してたんだ!」

「いえ、私も知らなくて」

「バカ野郎！　仕事を依頼する者が、知らなかったですむのか！」

B氏をガンガン責め、A兄ィは経費という名目で三百万円をせしめたのであった。

すなわちA兄ィは、B氏にケツを持たせたというわけである。

A兄ィのこの手法は、ビジネス界でも通用する。

いや、積極的に活かすべきだ。

たとえば、こんな例がある。

V氏は、ゴルフ会員権の売買を扱う会社の営業マンだ。不動産業者のG社長が会員権を買ってくれたので、お礼に一杯ご馳走した。G社長は鷹揚な人柄で、頼めば客を紹介してくれると踏んだからだった。V氏の狙いどおり、一杯機嫌のG社長は、二つ返事で知人を紹介してくれることになった。

ところが残念ながら、G社長に紹介された知人は会員権を買ってくれなかった。

V氏の真骨頂《しんこっちょう》はここからだ。

普通なら、

「せっかくご紹介いただいたのに力及ばず、申しわけありませんでした」

と礼を述べて、この手の話は終わるのだが、V氏は、

「社長のご紹介だから、絶対いけると思っていたんですよ。だから会社にも、そう報告してしまって……」

やんわりとG社長にケツを持っていったのである。

「いや、そうだったのか。それはすまないことをした。じゃ――」

と、G社長は別の知人をV氏に紹介してくれたのである。

今度は首尾よく売れたが、もしうまくいかなければ、V氏はさらにG社長を追い込むつもりでいた。

無能な営業マンは、紹介された先をターゲットにする。だから、うまくいかなければそれで終わる。

ところが有能な営業マンは、紹介した元の人間をターゲットにする。紹介先がうまくいかなくても、次を紹介してもらうようにするのだ。

ヤクザ流に言えば、

「紹介者にケツを持たせる」

ということなのである。

ヤバイ仕事は、アドバイスを仰いで保険をかけておく

「マンションを占有してる連中がいるんだけど、何かいい知恵ないかね。追い出しを頼まれたんだ」

精肉店チェーンを経営するS社長は、飲み屋で、顔見知りのG総業X組員から相談を持ちかけられた。相談といっても、改まったものではなく、雑談の流れで出てきた話だった。S社長は町内会の会長で、物知りとしてよく知られていた。

「じゃ、まず内容証明郵便だね。訴訟を起こすにしても、立ち退《の》くように通告したという証拠が必要なんだ」

S社長が得意顔で言う。

「内容証明なんか出したことねぇな。どうやればいいんだ」

「簡単ですよ。用紙はなんだっていいの。ただし書式は決まっていて、一枚につき、一行二十字で二十六行まで。これを三通作成して、郵便局へ持っていけばいい。一通

は郵送、一通は差出人の控え、一通は郵便局保存用。配達証明付きにすれば確実だね」

X組員が感心すると、

「いやあ、若いころ弁護士になりたくてね。司法試験を何度も受けたんだけど、結局、夢果たせずで、家業を継いだんですよ」

「なるほど、くわしいわけだ。ささっ、一杯」

「こりゃ、どうも。私でわかることなら教えますから、何かあれば訊いてくださいよ」

ヨイショされて、気をよくしたS社長は、そう言って胸を叩いた。安請け合いが、墓穴を掘ることになるとも知らないで。

数日後、X組員からS社長の携帯に電話が入った。

——社長の言うとおり内容証明を出したら、トラブっちまったぜ。とんでもねぇものを寄こしたって、相手がゴネてんだ。

「相手って、誰?」

——L一家だ。

「L一家！」

——場合によっちゃあドンパチになる。社長、どうしたらいい？

S社長の背中を冷や汗が伝った。X組員は、S社長のアドバイスを楯に取って、ケツを持ってきたのである。

結局、占有しているL一家とは五百万円で立ち退きの話がついたが、そのうち三百万円をS社長が負担させられた。話をこじらせた責任を負わされたのである。

（飲み屋でX組員と隣り合わせになったのは、偶然だったのだろうか）

いまもって消えないS社長の疑念である。

次に紹介するのは、《アドバイスを求め、その結果責任を相手に求める》というヤクザ手法で難局を乗りきったM土木建設のケースである。

関東のT市に本社を置くM土木建設のP社長は、ゼネコンのT支社から、T市を事業主とする道路の補強工事を発注された。

ただし、

「今回は事情があって、この額でやってくれ」

と、T支社の担当部長が条件を出してきた。まともに工事をすれば赤字になる。さりとて手抜きして、あとで問題になれば、零細企業のM土木建設としては命取りになる。

「わかりました。しかし部長、鋼材のサイズは……」

引き受けてから、工事の内容についてアドバイスを求めたのである。

本来なら、発注元の部長としては、「そんなことは、そっちで考えろ」と責任を回避するはずだが、P社長の物腰のやわらかさと謙虚な態度に、ついアドバイスをしたというわけだ。

工事は無事終わったが、市民団体の告発で、談合が発覚。工事の検査を含め、市が調査に乗り出すことになった。検査されれば手抜きがバレるかもしれない。

P社長は、T支社に部長を訪ねて行った。

「部長直々にアドバイスをいただいたことですから、よもや検査に引っかかることはないと思いますが……」

物腰やわらかく、謙虚な態度で〝ケツを持っていった〟のである。

部長はそれに答えず、

「これからニュータウンの大規模開発が始まるんだが、P社長にもぜひ協力してもらいたい」

と、大口の発注をしたのだった。

これで市の検査に引っかかって指名停止処分になっても、P社長は生き残ることができることになったというわけである。

「言った、言わない、真意を誤解」は、こうして防ぐべし

かつてヤクザは口約束ですませた。

「わかった」

というひと言が〝実印〟なのだ。「男の一言《いちごん》」は命を懸けて実行すべきもので、実印より重く確かだったのである。

ところが最近は、「男の一言」も軽くなってきて、

「そないなこと、言《ゆ》うたかいな」

「さあ、何のことだか覚えてねぇな」

言った、言わないの〝水掛け〟が多くなってきた。

なかには、約束をしておきながら、

「なにィ！　オレをウソつき呼ばわりするのか！」

ケジメだ何だと居直る連中もいる。

「任侠道も地に堕ちた」

と、長老が嘆く気持ちもわかるような気がする。

いま、たいていのヤクザは念書を取る。これは、バブル期に、地上げなど表経済の実働部隊としてシノギしたことと無関係ではないだろう。表経済で効力を発揮するのは、「男の一言」ではなく、契約書であり念書なのだ。

そしてバブル崩壊後は、不景気でシノギが苦しくなり、金銭貸借をめぐってヤクザ同士のトラブルが多くなった。だから借用書を書かせ、さらに連帯保証人を立てさせるなど〝契約社会〟になってきたのである。また、枝《えだ》（下部組織）の不始末を相手の本家に掛け合う場合にも、念書は客観的な証拠として威力を発揮する。

だからヤクザは一筆書かせようとする。

カタギなら一喝すれば簡単だが、同業者だとそうもいかない。相手も、できれば書きたくない。念書は手形のようなものだから、〝一人歩き〟することだってあるのだ。

「月末、きっちり返済《ツメ》る言うとるやないですか。それでも念書《かみ》に書け言わはるんでっか。わしら、そないに信用でけまへんのんか」

相手もここぞと攻めてくる。

ならば、どうするか。

「もちろん信用してます。ただ、こっちもガキの使いじゃないんでね。手ぶらで帰ったんじゃ、親分《オヤジ》に合わせる顔がない。稼業の人間なら当たり前でしょう」

親分を持ち出すことで、一筆を迫るのだ。

ビジネス界も同じで、交渉がまとまれば契約書を交わすので問題はないが、そこに行くまでの過程で、言った、言わないの〝水掛け〟は少なくない。

「キロ千円とおっしゃったじゃないですか」

「いや、そんな覚えはない」

「私が九百円になりませんかとお願いしたら、千円は譲れないとおっしゃったじゃないですか」

「そう言ったかもしれないが、それはお宅が私の真意を誤解して……」

言った、言わない、言ったかもしれないが真意を誤解——。よくあるパターンだ。

ならば、どうするか。

打ち合わせのときに、カーボン紙のついたノートを使うのだ。要点をノートにメモし、打ち合わせが終わった段階で、

「本日はありがとうございました。これ、メモ代わりです。どうぞ」

と、相手に書いたものを渡して内容を確認してもらい、自分は複写を保管する。こうすれば、〝双方の誤解〟は防げることになる。

「肚をくる」とは、決意し、その決意を以て相手を怯ますこと

E組にWという〝特攻隊長〟がいる。

小柄で、一見してヤバそうな人間には見えないが、向かい合うと背筋が寒くなるような凄みがある。

こういうヤクザを、

「血が違う」

と言う。

組に所属すれば、誰でもヤクザになれる。だが、平然と身体を賭ける〝本物のヤクザ〟となると、意外に少ないものだ。殺《や》れば人生を棒に振り、殺られれば地獄。口で言うほど、そう簡単に身体を賭けられるものではないのだ。〝本物のヤクザ〟とは、生への執着を断ち切れる人間のことで、彼らを称して「血が違う」と言うのだ。要するに、生まれながらにしてヤクザの血が流れている、ということなのである。

E組のW氏がそれだ。

敵対する組の幹部を刃物で刺し殺し、傷害致死で長い懲役にも行っている。そのW氏に、あるとき私がケンカの要諦《ようてい》を質問すると、

「肚《はら》をくくること」

返事は、この一言だった。

（なるほど。肚をくくれば、拳銃《チャカ》を弾《はじ》くのに躊躇もないから、ケンカに勝てるはずだ）

と、このときは思ったのだが、最近になって、W氏が言った〝肚をくくる〟という本当の意味がわかってきた。

肚をくくるとは、拳銃を弾くことではなく、

「弾くぞ」

という決意をし、その決意を以《もっ》て相手を怯《ひる》ますということなのである。

「ハッタリじゃ、だめなんですか」

私が問うと、

「そんなもん通じねぇよ。チンピラのケンカならともかく、掛け合いは命のやり取りだぜ。相手に肚を見透かされたら、そこで勝負ありだ」

と、表情一つ変えずに言った。

「ウチも東京まで兵隊飛ばしとんのやで。退《ひ》けるわけないやろ」

「戦争になるぜ」

「結構やないか。端《はな》からそのつもりや」

本気でドンパチやる気なのかどうか、肚を探り合うのが掛け合いであり、

(この野郎、ハッタリかましてるな)

と見抜けば、イケイケで押せば相手は折れる。

反対に、

（やる気だな）

となれば、手の打ちどころを探すことになる。

クライアントとの値引き交渉と同じなのだ。

「これ以上、値引きできません」

と営業マンが言っても、まだ値引きできるということを客に見透かされれば、

「じゃ、いりません」

と、一蹴される。

反対に、客が、

「もう少し負けてくれなきゃ、買わないよ」

と言っても、それがブラフだとわかれば、

「残念ですね」

と、営業マンは値引きすることなく強気で出られる。

真偽を読まれないためには、本気で肚をくくることだ。営業マンが肚をくくるとは、「値引きをしないこと」ではなく、「値引きしないぞ」と決意し、その決意を相手に知らしめることなのである。

交渉の極意は〝後出しジャンケン〟にあり！

一円でも高く売りたい、一円でも安く買いたい——。

これが商談だ。

交渉能力とは、要するに、

「売り手として、いかに高く売るか」

「買い手として、いかに安く買うか」

という一語に尽きる。

どんなに大きな商談をまとめても、赤字になったのでは、そいつは無能なのである。

ヤクザが交渉に臨む場合、かつては「結論が先にありき」だった。

たとえばA組の若い衆が、B会の連中にカラまれて大ケガをしたとする。組織同士の話し合いが持たれる。このときA組の責任者は「謝罪＋治療費××万円」という肚を決めて交渉の席に座る。「いくら取れるか」ではなく、「この条件なら組のメンツが立つ」という額だ。

だから駆け引きはしない。この条件を呑むか呑まないか——これが掛け合いで、相手が呑まなければ組のメンツは潰されたことになり、ドンパチが始まる。

だが、バブル経済以後は、ヤクザの交渉術も変わってきた。「経済ヤクザ」という概念が定着したように、稼げるヤクザが有能とされるようになった。資力もまた力なのだ。

だから、損得で駆け引きをする。

たとえば前述のA組とB会の交渉では、「いくら取れるか」を考える。

「条件、出してください」

「こっちから言うことじゃないでしょう。お宅の誠意を見せてください」

相手が出してきた条件を聞いてから、態度を決めるのだ。

予想していた条件よりもよければ、

「わかりました。今回はお宅の顔を立てましょう」

と、譲歩したふりをしつつ条件を呑む。

予想より悪ければ、

「ウチもずいぶん安く見られたもんですね」

と、牽制《けんせい》する。

「じゃ、いくらなら」

「それは、お宅が提示することでしょう」

球を投げ返し、条件闘争を繰り返す。

要するに〝後出しジャンケン〟の交渉術であり、負けることは絶対にないというわけである。

ビジネスマンの見積もり交渉が、それと同じだ。

たとえば、あなたが購入側とする。

「もう少し安くなりませんか？」

あなたが値切る。

「いくらなら買っていただけますか？」

営業マンが問う。

「そうですね。××万円ならなんとか」

「わかりました。じゃ、なんとか××万円の線で、上司の決裁を取ってきます」

あなたは値引きをさせたことで喜ぶかもしれないが、自分から数字を提示した段階で、あなたの負けなのだ。営業マンは数字を聞いてから考える——つまり〝後出しジャンケン〟というわけである。

これでは、あなたは勝てない。

「いくらなら買っていただけますか？」

と訊かれたら、

「いくらまで引けますか？」

と、質問には質問で応えて主導権を取り、相手から先に数字を提示させるように仕向ける。

これが商談であり、手法においてヤクザもビジネスパーソンも同じなのである。

もらい方で価値が決まる〝お金のマジック〟

お金の価値が一定だと考えるのは、一般市民の発想だ。

ヤクザは違う。

同じ一万円でも、使い方によっては五万円、十万円の価値になり、反対に五千円にも千円にもなると考える。これが「活き金」と「死に金」であり、「活き金」を使わせたらヤクザの右に出る者はいない。

こんなことがあった。

私が週刊誌記者として、大相撲の八百長キャンペーンを担当したときのことだ。角界OBや関係者、事情通を訪ねて、全国を取材してまわったが、そのなかに、関東以北の某市に住むヤクザのE氏がいた。E氏は、いわゆる〝事情通〟というやつで、彼を介し、元相撲取りで、現在はチャンコ料理屋を経営するU氏に話が聞けることになった。

U氏の店を訪ねる前に、仲介者のE氏に取材謝礼を預けた。するとE氏は、その謝礼の一部を別の封筒に入れて内ポケットにしまったのである。ピンハネするつもりなのだろうと思ったが、取材前でもあり、黙っていた。

そして、U氏の取材が終わったところで、E氏は、

「これ、こちらさんからだ」

と、私が預けた謝礼を渡してから、

「これはオレの気持ちだ」

やおら内ポケットから別の封筒を出して渡した。先ほど、私が預けた謝礼から抜き取ったお金であった。

U氏は恐縮して固辞したが、

「いいってことよ。無理をきいてもらったんだ。まっ、これからもよろしく頼むぜ」

他人の金を自分に活かすことで、E氏はしっかりいい顔になったというわけである。しきりに恐縮するU氏を見ながら、私は、「金の使い方」に巧拙《こうせつ》があるということを、このとき知ったのである。

ビジネスには、着手金とか前渡金というものがある。中小企業にとってスパンの長い仕事は、資金繰りが大変なので、先にいくらか支払ってもらえば会社は助かる。

問題は、どう切り出すか、だ。

「ウチも苦しいので、お願いできますか」

と言うのは最悪。

正当な報酬でありながら、相手から見下されることになる。評判を下げる。それでも前金を取れればいいが、断られたら目も当てられない。お願いしてはだめなのだ。

「経費がかかるので、ウチが半分立て替えておきましょう。御社は半分で結構です」

といった言い方をする。

あるいは、もし向こうから、

「半金を先にお渡ししましょうか?」

と言ってくれても、ハイハイと喜んでもらってはいけない。

「ありがとうございます」

と丁重に礼を述べた上で、

「上司に相談して、ご返事させていただきます」

と、腰をつかう(もったいぶる)。

人間の心理というのは不思議なもので、「払ってやろうか」と高飛車に出て、相手がモミ手をしてくれなければ、今度はムキになって払おうとする。性悪女《しょうわるおんな》と知りながら、ソデにされればされるほど貢ぐ、あの心理になるのである。

同じ金額をもらうにしても、土下座してもらえばあなたの価値が下がり、胸を張って受け取れば価値は上がる。

　これが、〝お金のマジック〟なのだ。

〝言葉のマジック〟で、相手に一目置かせる錯覚術

　なぜCMに有名タレントを起用するのか。

　考えてみれば妙な話だ。

　有名人と製品の優劣とは何の関係もないはずだが、有名人がニッコリ笑って宣伝すると、なぜか製品の信頼度はグーンとアップする。

　有名であることは、信用なのだ。そして、有名人と知り合いであるということもまた、信用につながる。友達の友達はみな友達であるというレトリックと同じで、信用ある人の知り合いは、みな信用ある人――ということになる。

　だからヤクザは有名人とつき合いたがる。

　世間から暴力団と呼ばれても、人気歌手の○×と知り合いだとなれば、信用はアッ

プする。周囲が一目置く。一目置かれれば、名が上がり、シノギに跳ね返ってくる。ヤクザがそこまで筋道を立てて考えているかどうかは別として、有名人と知り合いであることが、有形無形の力になることを経験で知っているということなのだ。

ビジネスパーソンも同じだ。

「実は、いまの首相とは知り合いなんだ」

となれば、上司もクライアントもビックリ仰天。一目も、二目も、十目も置くことになる。政治家から文化人、芸能人、スポーツ選手……等々、有名人と知り合いであること自体が、大きなパワーになるわけだ。

だが、そうは言っても、有名人と知り合うキッカケなど、そうあるわけではない。

どうするか。

次善の策は、知り合いの知り合いになることだ。社長でもクライアントでも誰でも構わない。たとえば社長が、プロゴルファーの凸凹選手と知り合いであることがわかれば、

「凸凹選手、やっとスランプ脱しましたね。一時期、引退まで考えたそうですよ。いやね、ウチの社長とつき合いがあるもので、私も……」

あとはムニャムニャ。

（へえ、この人も凸凹選手を知っているみたいだな）

と、相手が錯覚すれば、それでいいのだ。

そしてゴルフの話は早々に打ち切って、話題を転じること。調子に乗って話していると、「一度、会ってみたいな」とか「サインもらってくれますか」と、余計な頼み事をされ、頭を抱えることになるからだ。

最悪なのは〝名刺小僧〟だ。

「この人と会った」

「あの人と知り合いだ」

と、自慢しながら名刺を出す。

見せられたほうは、

「へえ」

と、一応は感心してみせるが、内心ではバカにしているのだ。なぜなら、わざわざ知り合いであるという証拠に名刺を見せるということは、本当は親しくないと白状しているようなものだからだ。

「ほら、見てよ。××のマネジャーなんだ」

と、歌手の名前を入れたマネジャーの名刺を見せるより、

「この間、××のマネジャーに会ったら……」

さり気なく、そしてこともなげに言ったほうが、はるかに効果は大きいのである。

有名人でなくても、取引先の会長や社長を引き合いに出すのもいい。

「御社の会長さん、少し痩せられましたね」

「えッ、会長をご存じなんですか」

「いいえ、ちょっと……」

あとは言葉を濁せばいい。

会長と知り合いだと言っているわけではない。相手が勝手に知り合いだと勘違いしているだけなのである。

商談相手の〝縄張〟は、壁に耳あり障子に目あり

「若い衆によく言うんだ。四課の連中が隣室で聞いていると思って、話をしろってね」

こう語るのは、キレ者で知られる若手組長である。

四課の連中とは、警視庁捜査四課・暴力団担当の刑事のことで、隣室で四課の人間に盗聴されていても、恐喝にならないよう話し合いには気を配るべし、と若手組長は言うのだ。

要するに、コトに臨んでの心構えを説いているわけだが、商談に際して、ここまで気を配るビジネスパーソンが何人いるだろうか。

気の利いたビジネスパーソンなら、相手の会社を訪ねる場合は、早めに行って、会社の近くでお茶でも飲んで時間を調整する。

問題は、ここだ。

一人のときはいいが、上司や部下など複数で訪問するときは、どうしても話題はこれから面談する相手や会社のことになる。

「けっこうシビアな条件を出してくるんじゃないですか?」

「○×社はシブチンで有名ですからね」

商談とは、笑顔で和気藹々《わきあいあい》を装いながら戦う〝金銭交渉〟なのだ。不安と緊張もあって、相手の悪口が出てくるのは当然なのだが、ここは相手の〝縄張《シマ》〟なのだ。喫茶店の客は要注意。相手先の関係者かもしれない。壁に耳あり障子に目あり。捜査四課が隣室に控えているくらいの気配りが必要なのだが、そこまで注意を払うビジネスパーソンは少ないようである。

帰途もしかり。

こんな失敗談がある。

広告代理店X社のA課長が、部下のB、クリエーターのCを伴い、某市の機械メーカーに新卒募集ポスターのプレゼンに行った帰りだ。夕方でもあり、プレゼンが首尾よくいったので、〝お疲れさん〟をやっていくことにした。三人とも帰宅の方向が違うため、駅前の居酒屋に入った。

話題は当然、先ほどのプレゼンになる。

「思ったよりチョロかったですね」

「モデルにクレームがつくかと思って冷や冷やしてたけど、スンナリなんで拍子抜けしました」

「機械メーカーだろう。堅物ばっかりで見る目がないんだよ」

飲むほどに酔うほどに声は大きくなっていく。背後に機械メーカーの部長がいるとも知らないで……。

東京の某一流ホテルは、広域組織の〝御用達〟としてソノ筋ではよく知られている。地方から上京して、このホテルに投宿する他組織の親分や組員は、万一のトラブルを懸念して、ホテル内での飲食は避けるようにしているという。抗争になれば命を懸ける一方で、この細心さ。ビジネスパーソンも見習うべきだろう。

これぞ一発大逆転の「スケープゴート式脅迫術」

関東T県で、工場跡地の売買をめぐって、関西系A組のダミー会社であるB総業と地元資産家の間でトラブルが起こった。

B総業が仲介した買い手と資産家が、値段で折り合わなかったのだ。買い手が三億円を提示したのに対し、資産家は「四億円でなければ売らない」と強硬な態度だった。A組は、関西武闘派として全国的に知られた組で、本来、こういうケースはお手のもの。資産家を拉致し、脅して話をつけるところだが、今回はB総業の背後に隠れたまま、おとなしかった。A組は、秘密裏にT県を関東進出の足がかりにしようとしていたため、コトを荒立てたくなかったのだ。資産家も、B総業がA組のダミー会社だということは知らない。

だが、この商談が流れるようだと、B総業の力量が問われ、今後の活動に影響する。

そこでA組本家は、

「なんとかせんかい」

と、B総業に命令してきたのである。

ただし、コトを荒立てないように、という条件がついていた。T県に地歩を築くまでは警察沙汰を起こすな、ということだ。武闘派のA組にしてみれば、地元組織との摩擦より、国家権力のほうが脅威だったのだ。

B総業で社長を名乗るI氏は、資産家を事務所に招くと、奥の社長室に通した。水牛の角、虎の剝製、そして壁の額にはA組の代紋が納まっていた。

資産家は事態を悟って青くなった。

相手はA組だったのだ。場合によったら殺される——そう思った。

ところがI社長は、

「見てのとおり、わしらA組の人間《もん》や。せやけど、代紋ひけらかして、どやこやする気はあらへん。そのことはハッキリ言うとくさかい、誤解せんといてや」

と、これは脅迫ではないと、穏やかに断ってから、

「悪いのは、お宅やのうて、ゼニ負けさせることができへんかったウチの若い衆や」

I氏がそう言うなり、そばに控えていた巨漢がテーブルの灰皿を振り上げて、

「このガキが！　死にさらせ！」

若い衆の頭をかち割ったのである。

「ギャーッ！」

鮮血が飛び散り、殴る蹴るで、若い衆はボロ雑巾のようになって床に転がった。資産家がガタガタ震えている。やおら巨漢が日本刀を持ち出し、鞘を払ったところで、

「こらッ、客人の前や。ここで殺《や》ったらあかんで」

I氏が眉間《みけん》に皺を寄せてから、資産家に、

「見苦しいもん見せて、えろう悪かったな。注意はしとるんやけど、ウチには頭がイカれたのが仰山《ぎょうさん》おりますんや。プッツンしたら、何しよるやら……」

資産家が三億円に値下げしてきたのは、その翌日のことだった。

これが若い衆を使った〝スケープゴート式脅迫術〟で、ヤクザの定番の一つだが、実はこれと同じ手法で、クライアントに対し、プレゼンを通しているPR会社がある。

「まず、プレゼン会議で、スケープゴートを決めるんです」

と、PR会社の制作チーフ氏が言う。

プレゼンには、会社のトップ以下、役員から担当のヒラまで出席するが、必ずと言

っていいほど、異をはさむ人間が出てくるという。トップや上司にいいところを見せようとして、プレゼンの内容にケチをつけるわけだ。

「実はここがチャンス。異をはさむ人間をPRの専門用語を駆使して論破し、完膚《かんぷ》なきまで叩きのめします。〝あんたみたいな人間が、この会社の足を引っ張っているんだ〟と無能呼ばわりすることもあります。他の出席者は、自分にトバッチリがこないよう、下を向いて、私と目を合わせようともしません」

こうなると、異をはさむような〝勇気ある人間〟は一人もいなくなるという。しかも、プレゼンでの社員に対する暴言は、「御社のためを思えばこそ」という熱意の表れだと好意的に見てもらえるのだそうだ。

「プレゼンも商談も、要は結果です。そのために、あらゆる手段を講じるのは、ビジネスパーソンとして当然でしょう」

チーフ氏はこともなげに言うのだ。

シノギと出世の王道は、イチャモンにあり！

ヤクザは、イチャモンをつけてシノギにする。

同じイチャモンでも、政治家や企業の不正を追及するスケールの大きな案件から、「こらッ、ラーメンにハエが入っとるやないか！」という小遣い稼ぎまでさまざまあるが、基本的な構図は同じで、まず異を唱え、「どうする気だ」と、相手に解決を迫るのである。

「金をよこせ」と言えば恐喝になるので、それは絶対に口にしない。

幹部クラスは別だが、安定したシノギを持たない駆け出しは、まさに飢えた狼で、毎日メシの種を探していると言ってもいい。

「なんや、その態度は！　わしにケンカ売っとんのか！」

飲食店で従業員の失態をとらえて、

「従業員の教育はどないなっとるんや」

大義名分を振りかざしてクレームをガンガンつけると、店が勝手に飲食代をタダにし、要求もしないのに好意でお車代をくれたりする。店にしてみれば、ほかのお客の手前もあり、トータルに見て早くお引き取り願ったほうが得だと判断するから金品を払うのである。ヤクザは、正しくても、正しくなくても、自分の意見を押し通すことが、シノギにつながるのだ。

ビジネスパーソンも同じなのだ。

たとえば会議では、

「異議あり」

と、必ず手を挙げる。

会議を混ぜ返すことが目的なのだから、理由は何でもいい。ガンガン噛みつく。上司だからといって遠慮することはない。言葉遣いさえ気をつけていれば、会議での発言は何でもありなのだ。

もちろん上司や同僚に嫌われる。

当然だ。

出世の妨げになるだろう。

だが毎度、「異議あり」を続けていると、そのうち周囲は一目も二目も置くようになってくる。

「あいつ、またイチャモンをつけるんじゃないか」

と、会議の冒頭から注目の的である。ヤクザが合法的なイチャモンをつけに店に入ってくるようなもので、これが何度も続くと、店がヤクザにモミ手をするように、上司や同僚が機嫌を取るようになってくる。

そして――ここが人間の心理の不思議なところだが――機嫌を取っているうちに嫌悪感は次第に薄らいでいくのだ。このタイミングをとらえて、イチャモンの回数を次第に減らしていけば、〝百年の知己〟のような良好な関係になっていくというわけである。実際、ヤクザは、イチャモンをつけた店とのその後のつき合いは、店が気を遣ってくれることから、和気藹々としたものになっていく。

上司、同僚との関係もこれと同じだ。「協調」とは、自分が周囲に合わせるのではなく、周囲が自分に合わせることなのだ。不遜《ふそん》と言うなかれ。このくらいの厚かましさと根性がなければ、出世はおぼつかないのである。

「損して得取れ」と「譲歩」は似て非なるものと知れ

「斬り結ぶ太刀の下こそ地獄なれ
踏み込んでみよ、極楽もあり」

剣道の古歌だ。

大上段から振り下ろされる太刀は誰でも怖い。

だから逃げる。

退《さ》がって避けようとする。

ところが相手にとっては格好の間合いになり、一歩踏み込めば、ものの見事に頭から真っ二つとなる。

逆なのだ。

太刀が振り下ろされるときに、思い切って前に出るのだ。踏み込めば、相手と向かい合ったまま身体が接するようになる。懐に入ってしまうのだ。そうすると間合いが詰まり、相手は太刀を振り下ろすことができなくなる。

実戦における心構えである。

このことは空手を指導していて、よくわかる。私は「昇空館」という空手組織を主宰しているが、組手で最初に教えることは、「退がるな」というひと言である。「前に出ろ、前に出て負けよ」――口やかましくそう教えるのだ。

ヤクザは、掛け合い（交渉）で決して引かない。

退がらない。

一歩退がれば、相手は一歩出てくる。一歩譲れば、二歩目の譲歩を迫られる。二歩が三歩に、三歩が四歩に、そして最後は蹴散らされる。

だから一歩も退がらない。前に出る。

最初の一歩を相手に譲らせさえすれば、あとはイケイケで一気に押し込んでいけばいいのだ。退がるか出るか、最初の一歩で勝負は決まるのである。

ビジネスはどうか。

同じなのだ。

順風ばかりではない。

いや逆風のほうが多いだろう。

クライアントに無理を言われ、難題を吹っかけられ、最初は抵抗をしていても、そのうち、

（まっ、今回はいいや）

と、譲歩したくなる。

そのほうが楽だからだ。

だが、譲歩したこの一歩が、二歩、三歩の譲歩を迫られていくことになる。ビジネスという戦場で譲歩する人間が、大成などするわけがないのだ。

ただし、誤解しないでいただきたいのは、何が何でも突っ張れということではない。ヤクザだって、最終的には手打ちになるのだ。手打ちとは妥協であり、双方の譲歩の上に成り立っている。

だから、ビジネスも退くべきところは退く。

これを「損して得取れ」と言うのだが、譲歩とは似て非なるものであることに留意

していただきたい。「損して得取れ」は、一歩退いているように見えるが、実態は戦略的な〝攻め〟であり、「譲歩」とは基本的に異なることを肝に銘じておくべきだ。

ボーダーレス、グローバル・スタンダードという二十一世紀の経済環境は、わかりやすく言えば、

「国は関知しないから、お互い自由に攻めてよろしい」

ということなのだ。

退いてはいけない。

退けば頭から真っ二つに割られる。

現代のビジネスパーソンには、不退転の決意と、徹底した攻撃能力とが要求されているのである。

第2章

ライバルに差をつける技術

情報収集の基本は「《市場》となるも、《漁師》になるべからず」

「情報」は、料理で言えば食材である。

いかなる料理の天才といえども、しかるべき食材を仕込まなければ、腕の振るいようがない。ゴボウ一本で、うまい料理などつくれるわけがないのだ。

情報も同様で、できるだけ多くの、そして新鮮な素材をいかに仕込むかにビジネスの成否がかかっている。

すなわち、

「いかにすれば、より多くの生情報を集めることができるか」

という方法論を知る者だけが、ビジネスパーソンとして大成するということでもある。

私の知人に、〝事件屋〟として業界では知られたT氏がいる。広域暴力団の企業舎弟で、金融関係から土地売買、倒産整理まで、金になることは何でも手がけている。

「○×会社、危ないらしいよ」

という情報を得るや、言葉巧みに近づいて手形を切らせ、倒産に追い込んで財産を押さえるなど、〝首吊り〟の足を引っ張ることでシノギする。だから事件屋は情報が勝負で、他に先駆けて、いかに早く情報をつかむか――ここにすべてがかかっているわけだ。

ところがT氏は、いつも事務所にいる。

お茶を飲みながら、来客とバカ話をしている。

メンバーが揃えば、昼から事務所の別室でマージャンが始まる。

「毎日そんなことをしていて、いつ情報を仕込むんですか」

私があきれて問うと、

「ノコノコ出歩いて情報を仕込むようじゃ、大成はしねぇな。情報なんてものは、自分から取りに行くんじゃなくて、向こうから来させるものなんだ。たとえて言うなら、情報収集は《漁師》と《市場》に分かれるということかな」

と言いながら、ノウハウの一端を披露してくれた。

漁師は、いくら大漁であっても、市場に水揚げされる量と種類には、とうてい及ばない。情報も同じで、居ながらにして情報が集められるのは、事務所が〝市場〟になっているからだ、とT氏は言うのだ。

では、どうやれば〝市場〟になれるのか。

「簡単さ。あいつのところへ行けば、新しい情報《ネタ》が拾える、と周囲の連中に思わせればいいんだ。そう、自己演出。手持ちの情報なんてハッタリで構わないよ。ウソでもいい。なぜなら、真偽の区別がつかない段階のものが《情報》であって、真偽がハッキリしたら、それは情報ではなくて《事実》なんだから」

こうして、情報通であるという評判を自分で立てれば、人が寄ってくる。

「最近、A社のことで、何か聞いていない？」

「うん、いろいろ耳に入ってくるけど、どうかしたの？」

「実はA社の手形が大量に出まわっているんだけど、大丈夫かな」

あたかも漁師が、獲ってきた魚を市場へ運び込むように、自分が得た情報を持ち込んでくるというわけである。

そして、こうして集まってきた情報を、今度は別の来客に教えてやる。

「最近、A社が手形を乱発しているって話だ。気をつけたほうがいいよ」

すると、ますます情報通としての評判が高まり、より高度な情報が大量に集まってくるようになる。そして集まってきた個々の情報を吟味し、符合させ、オイシイところだけ商売《シノギ》にするというのがT氏のやり方なのである。

お金は、金持ちのところに集まってくる。

いや、金持ちだとみんなが思っている人のところに集まってくる。

これが欲得で動く人間世界だ。

情報も同じで、情報を持っていなくても、持っているように見えさえすれば、勝手に集まってくるのである。

ライバルは、助けて蹴落とし、二度殺せ！

「自分を伸ばすために、よきライバルを持て」

ビジネス指南書などで、よく眼にするフレーズである。

（なるほど）

と感心するのは、競争社会の厳しさを知らない青二才。

命を張ってシノギするヤクザに言わせれば、

「冗談言うたらあきまへんで。ライバルが居《お》って喜ぶアホ、どこにいますねん」

ということになる。

確かにそのとおりで、ライバルはいないほうがいいに決まっている。だからライバルは蹴落とす。

是非ではない。

道徳でもない。

会社という組織が、出世競争を基本としたシステムで成り立っている以上、ライバルはお互いに足を引っ張り合い、蹴落とすべき存在なのだ。

だが、それが現実であり、誰もがそのことを承知していながら、あからさまにライバルを蹴落としてしまうと、

「なんだ、あいつは」

と、評判を落としてしまう。「勝てば官軍」にならないところが、〝ライバル蹴落とし〟のやっかいなところなのだ。

このことは、ヤクザも同じだ。

弱肉強食の世界でありながら、ただ勝てばいいというものではない。不評が立てばヤクザとして器量を問われるからである。だから彼らは、「いかにきれいに蹴落とすか」――ここに細心の注意を払うのである。

「まず、抗争《ケンカ》に勝つ。話はここからや」

と語るのは、関西系広域組織の三次団体で若頭を張るP氏だ。

「白旗振って堪忍してくれ言《ゆ》うてきたら、相手を助けたるんや。稼業の連中、成り行きを見とるさかいな。すると、あそこの親分さんはたいした器量や、いうことになる。つまり相手を〝ジャッキ〟にするわけや」

ジャッキは、タイヤがパンクしたときなど、車体を持ち上げるときに使う道具だが、相手を、自分の評判を上げるジャッキとして利用するというのだ。

そして、肝心なのはここからで、

「相手をジャッキで使《つこ》うたら、あとはポイや。時期みて、きっちり潰すんや。ヘビと一緒で、生殺しにしといたら、いつ生き返りよるかわからんさかい」

すると、どうなるか。

業界の見る目は、相手のほうに厳しくなる。

「せっかく恩情で助けてもらいながら、それを活かすことができなかったとは、半端なヤツだ」

ということになるわけだ。

ライバルを海に蹴落としておいて助けあげ、周囲の人望を得てから、再び海に蹴落として沈めてしまう。一粒で二度おいしいライバル殲滅《せんめつ》のノウハウなのである。

ライバルを助けることに意味はない。助けているように見えることにこそ、意味があるのだ。

血を流さずして敵対派閥を切り崩す〝攪乱情報〟

組織を切り崩す基本は、混乱させ、分断し、反目させ、内部から崩壊させることだ。

たとえば、次のトップの座をめぐって、大手組織のJ組の主《おも》だった幹部が脱退して「K会」を結成したときのことだ。

当時、週刊誌の記者だった私は、Ｋ会の代紋が決まった夜、Ｋ会本部に居合わせた。たまたま最高幹部の一人と知り合いだったことから、そのツテで取材を申し込んでいたのだ。

会長以下、居並ぶ最高幹部を前に単独インタビューしたのだが、分裂当初の力は五分と五分。いや構成員の数では、Ｋ会優位とされた。

Ｋ会系某組の若い衆などは、

「身体、賭けますわ。出世のチャンスやから」

と、私に語ったものだ。

ところがＫ会は壊滅した。

理由はさまざま取り沙汰されたが、その一つに、

「Ｋ会の次代を担う幹部たちがＪ組というブランドに切り崩された」

という説がある。

Ｋ会は、組織は大きくても実績のない新興勢力。シノギに危機感を抱いた幹部が組長《オヤジ》に引退を迫り、代紋を継いで組織ごとＪ組入りしたというのだ。

むろんＫ会壊滅には、Ｊ組の戦闘力が大きく影響しているわけだが、水面下では

虚々実々の駆け引きも行われていたのである。

社内派閥も同じだ。

派閥は〝綱引き〟と同じで、数は力なのだ。

一人でも多く取り込むことも大事だが、最も効果的なのは相手陣営を切り崩すことだ。切り崩して取り込めば、相手陣営はマイナス、こちらはプラスになるから、差し引き二倍の効果があるというわけだ。

では、どうやって切り崩すか。

派閥の〝弱い環《わ》〟から手をつけるのだ。

〝弱い環〟とは、派閥に対する忠誠心が希薄な社員たちである。言い換えれば、彼らはそれだけ意志が弱く、付和雷同するタイプなので、「ここだけの話だけど、実は、A君もB君もC君も……」——早くしないとバスに乗り遅れるぞ、といったニュアンスで話をすれば、すぐに動揺する。

そして——ここがポイントだが——〝弱い環〟には、それぞれ異なる情報を流す。

たとえば、

「専務が、いずれキミを課長に取り立てるとおっしゃってるよ」

と、A君本人にはヨイショし、B君には、

「実はA君が派閥に入りたがっているんだけど、専務が難色を示してるんだ」

と逆の話をする。

そしてC君には、

「A君とB君が足の引っ張りっこしてるんだってね」

という情報を流しておく。

〝弱い環〟は、不安感から群れて情報交換をしたがる。ところが三人とも、自分が知っている情報と違うことに気がつく。ここに動揺と疑心暗鬼が生まれ、派閥に小さな亀裂が入る。

亀裂が入ればしめたもので、この亀裂をどんどん大きくしていけば、派閥は割れることになる。

こうして〝弱い環〟を孤立させ、最後に摘み取れば一丁あがりというわけである。

「名刺で仕事をするな」というレトリックにだまされるな

ヤクザは「代紋」でメシを食う。

代紋とはヤクザ組織のロゴマークのことで、転じて組織総体のことを指す。代紋は「看板」とも言い、現役の組員は「看板持ち」と呼ばれる。

代紋や看板を名乗る効果は——説明しなくてもおわかりだと思うが——それだけで一般市民は震え上がってしまう。組織名を出すだけで、相手は《ヤクザ↓怖い↓何をするかわからない》という連想を一気に働かせるからである。

つまり、代紋には、

「オレはヤクザだぜ。この一件、返答によっちゃ血の雨が降るぞ。そうしたくなかったら、しかるべき方法でオトシマエをつけろ」

という意味が込められているのである。

だから代紋は売れているほうがいい。

「あそこはヤバイ」

と評判になればなるほど、商売《シノギ》がしやすくなる。「武闘派」「イケイケ」「殺しの○○軍団」というフレーズは決して劇画的なものではなく、ヤクザにとって大きな意味を持っているのである。

すなわち代紋は、みんなで担ぐお神輿《みこし》なのだ。

高く高く担げば、それだけシノギはしやすくなる。カタギ相手はもちろん、同業がぶつかった場合はなおさらで、代紋の貫目《かんめ》（実力）がものを言う。だからヤクザは、代紋のために身体を賭けるのである。

実は、ビジネスパーソンも同じなのだ。

会社名はヤクザで言う代紋であり看板なのだ。「○○商事です」「○○物産です」「○○銀行です」「○○製作所です」――名の通った会社は代紋を名乗るだけで、《一流企業↓信用できる↓取り引きして大丈夫》という連想を相手に働かせることになる。

「名刺で仕事をするな」

と、ビジネス指南書は説くが、これは間違い。

ビジネスパーソンは名刺という代紋で仕事をするべきなのだ。

二流、三流、零細企業で代紋に威光がなければ、自社と関係する大手企業や名の知れた企業の代紋を利用すればいい。たとえ田舎の零細ヤクザであっても、関東や関西の大手組織とつながりがあると思わせることができれば、相手は一目も二目も置くことになる。それと同じなのだ。

ちなみに、《名刺で仕事をするな》という言葉は、

「会社名に頼るのではなく、自分の実力で仕事をしろ」

という意味だが、《名刺で仕事をするな》を上の句とするなら、下の句は、《そうすれば、会社をクビになっても大丈夫》と続く。

すなわち、常在戦場——一朝《いっちょう》事に臨むビジネスマンの心構えを説いたもので、

（なるほど）

と思わず膝を叩きそうになるが、実はこれはレトリック。

言葉のアヤなのだ。

なぜなら、転職するときに評価されるのは、

「〇〇会社で、××のプロジェクトを成功させた」

という実績なのだ。個人の力で成し遂げた手柄であっても、社名抜きには語れない

のだ。

だから大いに名刺で仕事をし、手柄を立てることこそが「常在戦場」であり、転職に備える最善の方法というわけである。

出世の極意は、〝計算ずくで上司の踏み台となる〟にあり！

私の知人のＳ君は、新卒で広告代理店に勤めて三年になる。

所属は営業部。

有名私大の応援団出身で、礼儀正しく、明朗快活な性格がクライアントに受けてか、この不景気にもかかわらずＰＲ企画の営業に次々に成功していた。

そんなある日のこと。

会社でエレベーターに乗り合わせた部長が、

「どうだね、ヒットメーカーのＭ課長の下で働くのは」

と言いながら、クライアントの名前を次々と挙げてＭ課長を褒めちぎり、

「キミも課長を見習って、頑張りたまえ」
と言って、エレベーターを降りていったのである。
S君の顔は強ばった。
いま部長が挙げたクライアントは、すべてS君が手がけたものだったのだ。なんと
M課長は、S君の手柄を横取りしていたのである。
（冗談じゃねえ。M課長の踏み台にされてたまるか）
と、S君は憤慨したが、これは若さからくる短絡的な考え方だ。
ここは怒るのではなく、喜ぶべきなのだ。
なぜならM課長にとってS君は、もはや不可欠の存在になっているからである。
そして――ここがポイントなのだが――同じ不可欠の存在になるにしても、あくま
で上司の踏み台でなければ逆効果だ。「S君の〝おかげ〟でM課長がある」という構
図は、M課長の嫉妬を招くからだ。
S君が不可欠の存在になればなるほど、嫉妬心は募り、
（イッカ殺シテヤル）
と、復讐の炎をチロチロと燃やすことになる。

ヤクザの世界では、親分や幹部に自分の力量を誇示するのは命取りになる。組にとって必要な人材であっても、「オレが組を背負っているんだ」とばかりデカイ顔をしていると、いずれ詰め腹を切らされることになる。

たとえば関東某一家の二次団体であるＪ組に、Ｈというイケイケの本部長がいた。Ｈの威光で、Ｊ組は他組織とトラブルもなくシノギができていた。

もちろんＨは気をつけてはいたが、一家を背負っているという自負が、どうしても態度の端々に出てしまう。これがＪ組長には面白くないのだが、Ｈを切るわけにもいかない。嫉妬と不満が腹の中でくすぶっていた。

そんなＪ組に、本家から直参に取り立てるという話がきた。Ｈ本部長の努力がＪ組の功績として評価されたのだ。

直参は本家直属だからネームバリューはグンと上がって、他組織も一目置くようになる。人材も集まってくる。要するにＪ組は、Ｈがいなくても、これまで以上にシノギができるようになるわけだ。Ｈのおかげで直系に取り立てられながら、そのＨが今度は目障りになったのである。

さて、どうすべきか。

ヘタに切ると、嫉妬と見られてJ組長は男を下げるし、Hとの間に確執を残す。うまい手はないかとあれこれ思案しているところへ、本家が関西系組織とドンパチを起こしたのである。

J組長は即座にヒットマンを出すことを決め、本家に申し出た。

「ウチのHにやらせます」

襲撃に成功すればJ組の手柄になり、Hは長い懲役に行く。失敗してHが命を落とせば、これまたJ組は賞賛される。失敗してパクられても、殺人未遂でこれも長い懲役に行く。一石二鳥の「王手、飛車取り」。どっちに転んでも、目障りなHはいなくなるというわけである。

広告代理店のS君がM課長にとって目障りになれば、栄転という名の〝所払い〟になるだろう。S君は課長の踏み台になることで不可欠の存在になり、出世の足がかりにすべきなのだ。これを「名を捨てて実を取る」と言うのだ。

レッテルを自分で貼って、「なりたい自分」になる

「あいつはケチだ」
「サボリ魔だ」
「調子いい野郎なんだ」

一度貼られたレッテルは、容易には取れないものだ。

悪いレッテルであればあるほど、みんなが面白がって口にするから、貼りついて取れない。人によっては、定年退職するまでつきまとうこともある。

だから妙なレッテルを貼られないよう、職場の人間関係には誰しも気を配る。

ところがヤクザの中には、自ら進んでレッテルを貼ろうとする人間がいる。

貼られるのではなく、貼るのだ。

なぜそういうことをするかと言えば、彼らはビジネスパーソンのように「レッテル＝悪評」ととらえるのではなく、「レッテル＝イメージづくり」として積極的に活用

するからである。

「人斬りの〇〇」「イケイケの××」「ピストルの△△」——こうなると、レッテル転じて勲章になるというわけである。

この方法論は、ビジネスパーソンもいただきではないか。

レッテルを貼られないよう気を配るのではなく、貼られる前に自分でさっさと貼ってしまうのだ。

どうやるか。

自分で吹聴《ふいちょう》するのだ。

「気前がいい」「度胸がある」「責任感が強い」「やり始めたらトコトン人間だ」「怒らせたら何をするかわからない」……等々。何でもいいから「なりたい自分」になり、過去のエピソードを適当に創作して、それを酒席など機会をとらえては口にすればいい。それが噂として定着すれば、立派な勲章《レッテル》になるというわけである。

レッテルは、その人の正札《しょうふだ》だと、私は思っている。

他人に正札をつけられるくらいなら、自分でうんと高いプライスをつけて売り出すべきだ。

そうすると不思議なもので、地位が人間をつくるように、高いプライスをつければ、価格相応の人間になってくる。高級ブランドの洋服と同じで、世間というやつはプライスに価値を見いだそうとするからである。

手強いライバルは、〝鉄砲玉〟を放って蹴落とせ

ヤクザには〝鉄砲玉〟と呼ばれる若い衆がいる。

抗争の〝引き金役〟として放たれるハネっ返りのことだ。発射された鉄砲の弾が行ったきりで戻ってこないことから、そう呼ばれる。

〝鉄砲玉〟は、他組織の縄張に進出するときの口実として用いられることが多く、敵対組織がケツ持ち（用心棒）をやっている店で暴れたり、組員にケンカをふっかけたりして〝事件〟を起こすわけだが、肝心なことは、〝鉄砲玉〟がやられることである。少なくとも半死半生の重傷、殺されればベストだ。

「おんどりゃ！　ウチの可愛い若い衆をようも殺《や》りゃがったな！」

これを大義名分にして攻め入るというわけだ。

あるいは、この逆もある。

敵対組織のチンピラを挑発して、自分たちがケツ持ちをしている店で暴れさせ、拉致してから、

「このケジメ、どないつける気や！」

と、ネジ込むわけである。

この手法は、会社でライバルを蹴落とすときに使える。つまり、ライバルの部下を狙え、ということだ。

ライバル自身は優秀だから、手強い。失敗するのを待っていてもライバルがドジを踏むことは、まずないと思っていいだろう。

だが、部下たちは違う。

どんな優秀なライバルであっても、必ずデキのわるい部下がいるはずだ。それをターゲットにし、仕事でドジを踏ませ、その責任をライバルに迫るというわけだ。

卑怯だなどと言うなかれ。

周知のように、徳川家康が大坂冬の陣で豊臣家を攻めた口実は、「方広寺《ほうこうじ》の鐘銘《しょうめい》問

題」である。

家康サイドは、《国家安康》《君臣豊楽》と刻まれた鐘楼をとらまえて、

「家康を引き裂けば国安し」

「豊臣を君となし、豊臣の繁栄を楽しむ」

と〝解釈〟し、豊臣家に対して言いがかりをつけ、ドンパチに持ち込んで、ついには豊臣家を滅亡させたのである。

「うまくいけば自分の手柄、失敗すれば他人のせい」

ヤクザの隠語に《聞きチョウフ》というのがある。

字は知らない。

年貢や貢ぎ物を表す「調賦《ちょうふ》」か、「貼り付ける」という意味の「貼付《ちょうふ》」ではないかと思っているが、いずれにせよ、〝聞き賃〟のことをいう。

たとえばAとBがシノギの話をしているところに、たまたまCが居合わせれば、シ

ノギがうまくいったときに、Cにいくばくかの小遣いを分けてやる。これが《聞きチョウフ》だ。

だからヤクザは、何にでも首を突っ込む。

たとえば産廃業者のAとヤクザBが、ひそひそと産廃処理施設建設の土地について話をしている現場に居合わせたとすると、すかさず、

「産廃なら銚子《ちょうし》に土地があるって話だぜ。ちょっと訊いてみてやるよ」

と首を突っ込む。ウソでもハッタリでも構わない。この案件に一枚嚙んだという既成事実をつくっておくのである。

そうしておいて、この案件がうまくいきそうなら、

「いま銚子の土地に当たらせているけど、ちょいと難しそうだな。群馬なら……」

何だかんだと言いながら、プロジェクトの一員のような顔をして、どんどんコミットしていくのである。

反対に、この案件に対して出資金が必要だとか、他組織と抗争になりそうだとか、雲行きが怪しくなってくれば、「ヤクザ、危うきに近寄らず」。即座に手を引いて、知らん顔を決め込むというわけである。

儲け話があると、ニワトリが一斉にエサ箱を突っつくようにワッと押しかけ、犬がワンと吠えたら一斉に逃げる——そんなイメージをしていただければわかりがいいだろう。

ビジネスパーソンも同様だ。

「その企画でしたら、私に心当たりがあります」

小耳にはさんだ案件やプロジェクトには、とりあえず一枚噛んでおく。

うまくいきそうなら、

「じゃ、こうしましょう」

「それについては私にツテがあります」

バンバン提案し、メンバーの鼻面を引き回して、最終的に自分の手柄にする。

反対に、うまくいきそうもなければ、知らん顔。

諸般の事情で知らん顔をするのが難しければ、

「だから、私は反対したのに」

と、するりと立場を変えていくわけである。

ズルイと言うなかれ。「機を見るに敏」とは、責任を回避しつつ、手柄だけを独り占めすることであり、最後にババを引かされて詰め腹を切らされる人間を「機を見るに鈍」と言うのだ。

「うまくいけば自分の手柄、失敗すれば他人のせい」

これがヤクザもビジネスパーソンも、仕事《シノギ》の要諦《ようてい》なのである。

第3章

部下を思いのままに操る技術

失敗した部下へかける言葉はひと言、「それでどうする？」

自動車ディーラーの新人営業マンであるA君が、新車契約の最終段階になって、お客さんとトラブルを起こした。下取り車の査定額が約束と違うと客がクレームをつけ、この日の契約が保留になってしまったのだ。

「ボクは悪くないですよ」

A君は、上司のY課長に口を尖《とが》らせながら、

「だって査定額は、このくらいになるかもしれません、と言っただけで、確約したわけじゃないんですから」

「なるほど。それで？」

Y課長が相槌を打って、先をうながした。

叱責を覚悟していたA君は安堵しつつ、無実を訴える。

「ですから、お客さんの完全な勘違いなんです。約束が違うだなんて、こっちが言い

たいですよ」

「なるほど。それで？」

またまた相槌を打って、先をうながす。

「ですから……」

「ですから？」

「そのう……」

返事に詰まり、結局、A君は「誤解を解きにお客さんのところに出向きます」と言わざるを得なくなったのである。叱ることもせず、言い訳をとことん聞くことでA君を追い込んでいったY課長の作戦勝ちであった。

言い訳とは、自己を正当化するための詭弁《きべん》である。

逃げ道である。

言い分があるうちは、自分の非を認めようとはしない。だから言い訳は全部吐き出させることがポイントで、言い訳は、すればするほど自分の退路を断つことになるわけである。

「言い訳ばかりするな！」

と怒鳴る上司は愚の骨頂で、大いに言い訳をさせるべきなのだ。

こうした経験を通して部下は、言い訳することがいかに無意味なことであるかを学習していく。言い訳しても評価されず、現状も変わらない。いや評価どころか、言い訳はマイナスであることに気づくだろう。

ここに至って上司と部下の関係は、上意下達、絶対服従にして言い訳なし、というヤクザの世界と同じになる。

ヤクザの世界に、言い訳は存在しない。

存在しないどころか、たとえそれが正しくても、言い訳をしたこと自体が責められるのだ。

失敗したりドジを踏むことをヤクザは「ヘタを打つ」と言うが、ヘタを打ったときは、「なぜそうなったか」ではなく、「これからどうするのか」が問われるのだ。

結果がすべてということにおいて、ヤクザもビジネスパーソンも同じなのだ。経過を説明し、言い訳を得々と話して許しを乞うことが、いかに恥ずべきことであるかを知れば、部下はあなたにとって優秀な〝若い衆〟になるはずである。

ヤクザ流〝激昂パフォーマンス〟で互いの立場を知らしめよ

部下に実力を見せつけ、尊敬を得ようとする上司は、例外なく鬱病の予備軍である。なぜなら、常に部下以上の努力を強いられるからだ。

陸上競技のランナーを育てるのに、コーチや監督がランナーを先導して走るようなもので、これでは身体がもつわけがない。コーチや監督は、ランナーを走らせるのが仕事であって、自分が走ることではないのだ。

ここを勘違いして、

「こうやるんだ！」

と、見本を見せようとするのは本末転倒。上司として愚かなことなのである。

ヤクザは、掛け合いなど、しかるべき人間が出張《でば》らなければならないときを除いて、幹部がいちいち見本を見せることはしない。

「バカ野郎！　人を脅すときはこうやるんだ」

ということはあり得ないのだ。

見本を見せるどころか逆で、

「しっかり命取《タマ》ってこんかい」

陸上競技の監督役に徹しているのである。

では、〝監督〟として部下を意のままに操るには、どうすればいいのか。

それは、部下とは馴れ合わず、常に緊張をもって「命令する人、される人」の関係を保つことだ。

ヤクザと深くつき合ったことのある人なら、誰しも経験があると思うが、ヤクザは突然、激昂することがある。

たとえば、ヤクザと一緒に飲んでいるとする。いつもと同じように軽口を叩きながら和気藹々の雰囲気だ。

「しかし、こう不景気だと、顎が上がっちまうよな」

ヤクザがキュッとビールを飲んで言う。

「でしょうね。カタギが大変なんですから、ヤクザだって厳しいでしょう」

相槌を打つ。

「なんぞ、いいシノギ、ねぇかな」

「あるわけないでしょう。こっちが知りたいくらいで……」

「なんだと、テメエ！　あるわけねぇだと！　なんだ、その口のきき方は！」

グラスを床に叩きつけて、

「テメエ、オレをナメてんのか！」

目を吊り上げ、青筋立ててタンカを切る。

怒鳴られたほうは、何が何やらわからないまま、

「すみません、何か気にさわったのなら……」

必死でご機嫌を取ることになる。

ヤクザは、カタギに馴れ馴れしくされるのを嫌う。カタギに恐れられることでシノギするという基本的構造がある以上、調子に乗ってカタギにタメ口をきかれるのは、我慢ならないわけだ。それで、たまにガツンとやることで、「どっちが上か」を教えるというわけである。

カタギが失言したり、不遜《ふそん》な態度をとったから怒るのではない。怒って見せるために、キッカケを虎視眈々《こしたんたん》と狙っているのである。

ビジネスパーソンも、このパフォーマンスは必要だ。

部下とのコミュニケーションはもちろん大事だが、コミュニケーションを図ることと馴れ合うこととは似て非なるものだ。部下が調子に乗ってきたと思ったら、頃合いを見てガツンと叱り、「命令する側、される側」という立場を常に保つことが、部下を意のままに操る方法なのである。

ペットはいくら可愛がっても、飼い主が主人の立場を放棄することは絶対にないではないか。部下との関係も、そうあるべきなのである。

日和見《ひよりみ》する部下を手の内に取り込む「退路遮断法」

地方選挙では、地元に顔が利くヤクザが票の取りまとめに暗躍するのは珍しいことではない。

特に市町村レベルの首長選になると、建設関連業など公共事業関係者は、どの陣営に与《くみ》するか頭を悩ますことになる。首長は大統領と同じで、予算の執行権を握っているからである。

まして候補者の力が拮抗《きっこう》した一騎討ちになると、どっちの陣営につくかは、業者にとって死活問題になる。負ければ冷遇され、次回選挙の見せしめとして、息の根が止まるほどに締めつけられるからだ。

もちろん、そこは業者も心得たもので、両陣営にいい顔をし、協力を約束して〝保険〟をかける。早い話が、両天秤をかけてズルく立ち回ろうというわけだ。

ここにヤクザの出番がある。

票の取りまとめと、相手陣営の切り崩しである。

「テメエ、この野郎」

と脅かすのはチンピラのやることで、選挙陣営から依頼されるようなヤクザになると、そんなバカなことはしない。

たとえば関東某県の市長選挙でのこと。A対Bの一騎討ちで、A陣営から裏部隊として依頼を受けたX組のS組長は、両天秤をかけているF建設の取り込みを謀《はか》った。

どうやったか。

これが実に簡単なことで、F建設の社長が行きつけにしている小料理屋に偶然を装って顔を出し、小一時間飲んで帰っただけだ。

そして、翌日。

S組長は、建設業者の集まりに顔を出し、F建設の社長のそばに歩み寄って、

「やあ、社長、昨夜はどうも。女将《おかみ》が勧め上手だから、すっかり飲みすぎちゃったよ、アッハッハ」

笑顔で言って、「じゃ、また」と手を振ってフェードアウトした。

S組長がA陣営についているのは周知のことだから、たったこれだけのパフォーマンスで、居合わせた他の建設業者たちは、

(F建設は、密約してA陣営についたのか？)

と、疑心暗鬼になったのである。

周囲のトゲのある視線に気づいたF建設の社長が、

「いやいや、Sさんとはたまたま昨夜飲み屋で出会っただけで……」

あわてて弁解したが、弁解すればするほど逆効果。疑念はますます大きくなっていく。当然、B陣営の人間も会場には来ているから、

「F建設はA陣営についた」

と見られることになる。

かくしてF建設は、Ａ陣営と一蓮托生《いちれんたくしょう》で選挙に臨むことになった。駆け引きのノウハウについては、業者よりヤクザが一枚も二枚も上手《うわて》なのである。

この手法は、社内の派閥争いで、部下を取り込むときにも使える。

どっちにつこうかと日和見している部下がいれば、その部下が会社帰りに同僚と一杯やっている店に顔を出すのだ。同席すると警戒するかもしれないので、離れた席に座って、ビールの一本でも差し入れてやればいい。

そして、翌朝。

部下は、たとえビール一本でも奢《おご》ってもらった以上、

「昨夜はありがとうございました」

と、周囲に聞こえないよう小声で礼を言うだろう。

そこですかさず、

「なに言ってんだ。礼なんか及ばないさ」

わざと大きな声で言って、

「しかしキミは歌がうまいんだね。驚いたよ。また、飲もう。アッハッハ」

かくしてこの部下は退路を断たれ、この上司の派閥に入るしか生き残る道はなくなるというわけである。

できの悪い部下も、ダシの取りようで、いい味が出る

ヤクザ業界は、大手組織の寡占化が進み、山口組、稲川会、住吉会という三大勢力の構成員および準構成員は約五万九千人で、ヤクザ総人口の約七十パーセントを占めている。

こうした情勢にあって、X会は関東を基盤として数県に支部を置く一本どっこの老舗だ。なかでも同会の最高幹部で、新宿歌舞伎町に事務所を構えるY組Z組長の人望はつとに知られるところで、X会の有力組織として強固な結束力を誇っている。

ちなみに歌舞伎町は、わずか六百メートル四方の小さなエリアに、バー、クラブ、性風俗店など三千余の店がひしめき、九十余のヤクザ事務所が密集する日本最大の歓楽街だ。Z組長はこの〝ヤクザ激戦区〟で、広域組織と五分に渡り合い、潤沢なシノ

ギをしていることからみても、しかるべき器量の持ち主であることはわかる。

では、Z組長の人望と統率力はどこからくるのか。

こんなことがあった。

「おう、××。いつもご苦労だな。酒でも飲んできな」

組事務所で、末端の若い衆の名前を呼んで、小遣いをくれてやったのである。この若い衆はまだ半人前で〝下足番〟のようなものだ。そんな程度の若い衆の名前を組長が覚えていることも異例なら、小遣いを直接渡すことも異例だった。若い衆が大感激したことは言うまでもない。

ただし、これを以《もっ》てZ組長の人望と統率力の一因だと思うのは間違いだ。

若い衆に対する「面倒みのよさ」を他の組員の目の前で実際に見せ、

（うちの組長《オヤジ》は末端の組員のことまで気に留めてくれているんだ）

と、思わせるところに意味がある。

駆け出しをねぎらい、小遣いをくれてやったのは、いわばZ組長の、人心収攬《しゅうらん》術のパフォーマンスなのである。

人心収攬術といえば、故田中角栄《かくえい》元首相がよく知られているが、角サンは料亭に行くと、必ず〝下足番〟にもチップを配ったという。

日ごろ報われることの少ない人に眼をかけると、彼らは嬉しくなって、

「田中先生は素晴らしい人だ」

と吹聴《ふいちょう》する。それが廻り廻って評判を呼ぶ、ということを計算した上でのパフォーマンスだと言われる。

ハッキリ言って、〝その他大勢〟の仕事は誰にでもできる。代わりの人間はいくらでもいる。褒めて機嫌を取る必要はまったくないのだ。

しかし、気配りを演出するためには、

「あんな人間にまで」

と、周囲が感心するような〝その他大勢〟が相手でなければならないのだ。

もちろん部下を持つなら、一騎当千の強者たちが理想だ。だが現実は、なかなかそうはいかないものだ。だから上司としては、イライラしたり、腹が立つやらで、

「まったくウチの連中ときたら」

と、愚痴の一つもこぼしたくなるだろう。

だが能力的に劣り、仕事ができない〝その他大勢〟の部下でなければならない使い

方もあるのだ。

〝その他大勢〟は、小さなイワシを炒《い》って乾燥させた炒り子のようなもので、そのままでは食べられないが、ダシに使えばいい味が取れるのと同じなのである。

ハガキ一枚で部下をその気にさせるコツ

ヤクザ組織の暑中見舞いは、たいてい和紙に行書で印刷され、代紋は金の箔押し。分厚くてずっしり重く、仰々しい挨拶状《チラシ》なのである。

どの組も文言は似たり寄ったりで、いわば業界の定番だから、ざっと序列の部分に目を通すだけで、文章をきちんと読む人は少ない。

出す側も、出すこと自体に意味があるので、読まれなくても構わないのである。これだけの印刷物を全国に配布するとなると、経費もバカにならず、仰々しいチラシは組の勢いを示すものと言っていいだろう。

文書――とりわけ部下に対する私信に、ビジネスパーソンはもっと神経を遣うべきだ。利用の仕方によっては、たったハガキ一枚が、万言をもしのぐ効果を発揮することがあるのだ。

大手広告代理店のF部長は、部下によくハガキを出す。

それもたいてい三行で、

《今度のCM評判よし

さすが貴君

さらなる活躍を期待》

モンブランのブルーブラックのインキで、大きく走り書きしてある。これが部下に評判で、ハガキをもらった人は部長のファンになるという。

なぜか。

部長氏に〝インタビュー〟してみた。

——なぜ文章ですか？

「文字は繰り返し読めるから。褒められた文章は、繰り返し読むことで、嬉しさがこみあげてくる。だから私がハガキを出すのは、褒める場合だけです」

——なぜ三行ですか？

「理由は二つ。一つは、短いほうが余韻が強いから。もらったほうは、あれこれ行間を推測する。それが余韻を強くするんです。もう一つの理由は〝取り急ぎ書いた〟というイメージがある。取り急ぎだから、もらったほうは褒め言葉を私のホンネだと受け止める。これが長々と書いた封書だと、〝推敲《すいこう》〟を連想させてしまう。つまり、考えて書いたな、と割り引いて読んでしまうんです」

住所録さえきちんとしていれば、三行のハガキを書くには一分あればじゅうぶんだ。わずか一分で、部下の心がつかめるのだから、利用しない手はないと上司は言う。

手紙には、「面倒だ」「大変だ」というイメージがある。

ほとんどの人が書くのを嫌がる。

それだけに、わずか一分で書いたハガキであっても、もらったほうは大感激ということになる。

同じ書くにしても、メールはだめだ。なぜなら、もらうほうも、メールの手軽さを知っているからである。

ただしハガキで注意することは、〝言質《げんち》〟を与えないことだ。

《課長の椅子、目前なり》

などと、調子に乗って筆をすべらせると、あとでやっかいなことにもなりかねない。ハガキは文字として残るものであり、第三者の目に触れることも考えられるだけに注意が必要だ。取り急ぎ、乱雑に、短く、そして細心に書く――ハガキで部下を燃えさせる要諦《ようてい》である。

リスクのない仕事を与えてプレッシャーをかけろ

人間は、能力に負荷をかけることで成長する。
これは正しい。
だが、負荷をかけることが正しいからといって、
「部下に能力以上の仕事を与え、成功体験を積ませることで育てる」
という手法は間違いである。
なぜか。
バクチであるからだ。

石橋を叩いてなお慎重に橋を渡る——これが指揮官の基本であり、「橋が耐えられるかどうかわからないが、とにかく渡ってみろ」というのは、指揮官としてとるべき手法ではないのだ。

特にヤクザ組織は、人材が財産だ。縄張《シマ》の守《もり》も、抗争《ケンカ》も、シノギも何もかも、優秀な組員を抱えて成り立つのだ。そういう意味で、ヤクザはまさにマンパワーの業界なのである。

では、ヤクザは、どうやって若い衆を仕込むのか。

「それはな、失敗して元々、うまくいけばめっけもの、という仕事をやらせるんだ」

と、若い衆を育てることで定評のある関東の某親分は言う。

「もちろん若い衆には、失敗して元々なんてことは言わないで、〝お前にすべてまかせたぞ〟とプレッシャーをかける。すると若い衆は緊張と同時に、自分は一人前として扱われるようになったと嬉しくなる。ここが大事なんだ」

首尾よく仕事がうまくいけばそれに越したことはないが、たとえ失敗しても「自分が一人前に扱われた」ということで若い衆は自信を持ち、成長する。一方、組にとっても、失敗して元々の案件だから被害はない。

たとえて言うなら、習字を書かせるときに、捨ててもいい紙を渡して、

「この紙は一枚しかない。書き損じるな」

と、プレッシャーをかけるのと同じだと理解すればいいだろう。

いくら一人前にするためとはいえ、若い衆に能力を超えた仕事をさせ、失敗して事件になったり抗争になったりすれば組の存亡にかかわってくる。ヤクザでさえ、そんな危険は冒さないのだ。

いわんや、ビジネスパーソンが部下を育てるのにリスクを冒すなど愚の骨頂である。

ところが上司と呼ばれる多くは、

「部下を育てる」

という言葉に魅力を感じてしまう。

自分がエラくなったような気分になる。

これが墓穴を掘る第一歩なのだ。

〝言葉の手形〟を切らせて部下を追い込む

部下を意のままに操りたければ、〝言葉の手形〟を振り出させることだ。「言質」とも言う。

〝手形〟だから、落とさなければならない。不渡りにすると倒産である。ビジネスパーソンにとって倒産とは、信用を失うことである。

中堅商社に勤めるN君は入社して五年。そろそろ独り立ちの時期で、これからの活躍が期待されている。本人もそれを承知しているから、酒席でO部長の供をしたときは、ここぞとばかり自分を売り込む。

ただし優秀なビジネスマンがそうであるように、あからさまに自分を売り込むことはしない。「会社の将来」を熱く語ることで、言外に自分を売り込むわけである。

N君がグラスを力強く握ったままで熱弁をふるう。

「部長、これからの社の発展は、開発途上国での商圏拡大にかかっています。いま猫も杓子《しやくし》も中国に進出していますが、僕は——そう、たとえばカンボジアなんか、狙い目だと思います」

「同感だ。まさかキミがそう思っていたとは」

部長が感嘆して、

「しかし地雷も相当数が埋まっていて、まだまだ危険地帯だ。ウチなんかじゃ、どうにもできまい」

「何をおっしゃいます。リスクを恐れていて商社マンが務まりますか！」

「よく言ってくれた。よし、カンボジアはキミに赴任してもらおう」

N君は、ご機嫌を取るつもりで、たまたまカンボジアのことを話題にしただけであったが、勢い余って、

「リスクを恐れていて商社マンは務まりますか！」

と〝言葉の手形〟を切ってしまったのである。

いや、危険地帯の残るカンボジアに誰を赴任させるか決めかねていた部長に、まんまと〝手形〟を切らされたと言ったほうが当たっていようか。

カンボジア赴任を拒否すれば、〝手形〟を不渡りにすることになる。信用失墜であ

る。N君は泣く泣くカンボジアに赴任したのであった。

部下に仕事をさせようと思ったら、ケツを叩くより、酒席で夢をどんどん語らせ、それを〝手形〟にすることだ。

「課長、僕は日本一のセールスマンになるのが夢です」

「ほう、それは頼もしいな。でも、寝ているときに見て、起きたら醒めるのが夢って言うからね。思いつきで言うと、信用をなくすよ」

「違います、思いつきなんかじゃありません！」

「まあまあ無理しないで、さっ、飲んで」

「課長！　僕は本気で言っているんです！」

「よし、わかった。明日からどれだけ頑張れるか、見せてもらおうじゃないか」

こうして、部下に〝手形〟を切らせ、「やれ売れ、それ売れ」と、街金《まちきん》なみの督促で追い込んでいくわけである。

だから、言葉尻を取り合ってシノギするヤクザは、駆け出しは別として、〝言葉の手形〟を切ることは絶対にない。

「それで、この仕事、形になるんでっか？」

相手が〝手形〟を切らせようと仕掛けてきたら、

「大丈夫——言うて胸叩きたいところやけど、安請け合いして胸叩くんはゴリラや。わし、ゴリラちゃいますねん」

イエス、ノーの直接的な表現を使わないよう細心の注意を払いながら、返事をはぐらかすという次第。

部下を操る「全幅の信頼」と「キミならできる」の決めゼリフ

賞賛すればつけあがり、叱責すれば逆恨み。責任を追及すれば、のらりくらりの言い訳で、いよいよ詰まればフテ腐れ。とかくに部下は使いにくい——。

ビジネス指南書から雑誌まで、手を代え品を代え、「部下」と「上司」の人間関係を扱っているところを見ると、ビジネスパーソンにとってこの問題は、永遠のテーマということなのだろう。

だが、ヤクザの幹部はシノギや抗争、あるいは自分の出世などで頭は痛めても、ビジネスマンのように、若い衆との人間関係で悩む人間は、まずいない。なぜなら、親分を頂点とするピラミッド社会であり、上の者には絶対服従という規範があるからだ。若い衆が——めったにあり得ないことだが——意に染まない態度をとれば、

「テメエ！」

と、一喝すれば、すべては解決する。

だが、若い衆も人間だ。上の者には絶対服従だとわかっていても、無理なことを命令されると頭にくる。

まして、「殺《や》ってこい」と言われれば、

（なんでオレなんだ）

と、不満が出てくるのは人情として当然だろう。

撃てば気の遠くなるような長い懲役、自分が撃たれれば命はない。どっちに転んでもヤバイ仕事なのだ。いくら上意下達の世界でも、「殺れ」という命令だけでは、モチベーションとして弱い。

そこで、若い衆の扱いに長《た》けた幹部は、全幅の信頼を置くふりをする。

難しいことではない。

「おめえにだけは話しておくが、実は――」

と、こうやればいいのだ。

人間というのは、誰もが「評価」を求めて生きている。「評価＝存在意義」と言ってもいい。

「キミは我が社にとって、居ても居なくてもいい人間だ」

と、評価ゼロの査定をされたら、誰だって働く意欲をなくすだろう。

ヤクザも同じなのだ。

(自分だけに組の秘密を教えてくれた)

と感激し、評価に応えようとする。

そこをとらえて、

「殺れ」

と命令するというわけである。

そして、さらに、

「おめえなら、抜かりなくやってくれるはずだ。期待しているぞ」

期待という名のプレッシャーを、しっかりとかけておくのである。

翻ってビジネス界は、部下にどれほどハードな仕事を命令したところで、ヤクザの「殺れ」と比べれば、どうってことはないではないか。

「○×君、これはキミにだけ相談することなんだが……」

ヤクザ幹部の方法論を試してみるといいだろう。

この方法で、ヤクザ幹部は若い衆をヒットマンにさえ仕立てあげるのだ。

〝雑草〟を伸ばしてやろうと考えるのは、間違いと知れ

「適材適所」という考え方は間違いである。

「適材」を「適所」に配置しようと考えるのは、初めに「適材」ありき——つまり部下の能力と性格を先に考え、これをどう使おうかと考えることだ。

この発想ではビジネスで後れを取る。

逆なのだ。

「適材適所」ではなく、「適所適材」でなければならない。「適所」に「適材」を配置

するのだ。つまり、初めに「適所」という仕事ありきで、それを成功させるために部下の誰を使うかを考える。これが「適所」に「適材」を配する発想なのである。

言葉の遊びではない。

たとえばヤクザに「適材適所」というノンキな発想はない。

「鉄砲玉が必要になった。さて、誰を行かせるか」

という発想をする。

脅迫なら見るからにヤバそうな若い衆、女をたぶらかすならイケメン、交渉事なら顎（弁）の立つ若い衆というように、「適所」に「適材」を使い分けている。ヤクザは常に「初めに仕事ありき」なのである。

だから、稼業のしきたりを叩き込むのは、組のために一人前にするのであって、

「こいつを、いい兄ィに育ててやろう」

という恩情からではない。組織第一、仕事最優先というシビアな世界で生き抜くには、こうでなくてはならないのだ。

極論すれば、部下は伸ばしてなどやる必要はない。仕事を遂行するための〝道具〟だと割り切ることだ。ヤクザの若い衆が、修業を通して自らの努力で伸びていくよう

に、部下もまた自分の努力によって伸びていく。部下は伸ばすものではなく、伸びるものなのだ。

某組織でインテリと評判の若手組長が言う。

「若い衆は雑草だと思っています。勝手に生えて、伸びていく。水なんかやる必要はないんです。だから強い。ところがカタギの世界では、水をまいたり、肥料をやったりする。それじゃだめなんだね。踏みつぶせばいいんです。それで伸びてくる草だけがいい若い衆に育っていく」

いま一度、部下や後輩の顔を思い浮かべてみていただきたい。あなたは〝雑草〟を踏みつぶせるだろうか。

部下を奮起させる「初めチョロチョロ、中パッパ方式」

「ここまでこられたのは稲尾《いなお》君のおかげだ。稲尾君が打たれるのなら仕方がない」

かなり古い話になるが、一九五八年に行われたプロ野球日本シリーズ「巨人vs.西鉄

（現・埼玉西武ライオンズ）」一戦でのことだ。

連投の稲尾和久投手が疲労から巨人打線に打ち込まれ、崩れそうになったとき、マウンドに行った西鉄ライオンズの三原 脩《おさむ》監督はそう告げて、稲尾に続投させた。

このひと言に稲尾は奮起し、巨人を抑えて西鉄ライオンズを日本一にする。三連敗の角番《カド》から、四連投四勝。まさに奇跡の快投として、いまも語られる伝説の逆転劇である。

期待に応えた稲尾投手も素晴らしいが、三原監督のこのひと言がなければ、果たして稲尾の奇跡は起こっただろうか。「魔術師」と呼ばれた三原監督の、まさに言葉のマジックであった。

ただし、

「おまえにまかせて失敗したのなら仕方がない」

と、全幅の信頼を置くことで奮起させる方法は、あくまで方便であって、指揮官や上司が「失敗してもやむなし」と本気で肚《はら》をくっているわけではない。

たとえば、ヤクザは状況の進展に応じて、若い衆にかける言葉が変わってくる。

「おまえにまかせて失敗したのなら仕方がない」

これは、若い衆に白羽の矢を立てるための懐柔の言葉で、まず若い衆をその気にさせる。

そして、若い衆が行動を始めたら、

「おまえならなんとかしてくれるだろう。頼んだぞ」

と、期待の言葉を口にすることでプレッシャーをかける。

そして仕上げは、

「何が何でも成功させろ。失敗したらケジメだぜ」

きっちりと脅すわけだ。

簡単な依頼から入っていって相手を追い込む方法を、心理学では「フット・イン・ザ・ドア・テクニック」と呼ぶが、《懐柔↓プレッシャー↓脅し》とステップアップさせていくことから、私はこれを「初めチョロチョロ、中パッパ方式」と呼んでいる。

この方法は、いくらでも応用が利く。

「簡単な仕事なんだ。ちょっと手伝ってくれるかな」

と部下を懐柔し、

「キミが手伝ってくれれば安心だ」

とプレッシャーをかけ、

「おいおい、しっかりやってもらわなくちゃ困るよ」

最後は難しい顔で脅し、責任を背負わせれば、部下は必死で努力することになる。

そして、首尾よくやり遂げたら、

「さすがだ」

ニッコリ笑って一件落着、というわけである。

猫に〝小判〟、間抜けな上司に〝中途採用組〟

関東近県の某市に看板を掲げていたA会系E組が解散した。

組長が〝ヤクザ金融〟から追い込みをかけられ、どうにもならなくなって〝バンザイ〟したわけだ。ヤクザ金融とは、ヤクザ専門に貸し付けるヤミ金融で、もちろんヤクザがやっている。

E組には三十人ほどの組員がいたが、足を洗ってカタギになった十人を除いて、A

会系列のいくつかの組に拾われた。いわば〝中途採用〟である。中途採用者は一般企業と同様、即戦力として期待される。

だが、これも一般企業同様、中途採用者に期待するのは組長くらいのもので、幹部連中や若い衆は出世競争もあって、「お手並み拝見」とばかり冷ややかなものだ。

「だから身体を賭けるしかない」

と語るのは、元E組組員で、現在A会系の組に所属するQ氏だ。駆け出しならともかく、中堅だけにヤクザとしての力量が問われる。組のために身体を賭けて初めて、本当の意味で一員として迎えられるのだ。

「どんなヤバイ橋でも渡るさ。ドンパチが起これば一番槍《やり》、シノギだって懲役覚悟で身体を賭けるぜ。安目《やすめ》を売ったら、組にはいられねぇもの。そのかわり、長い懲役になるな」

こうして組の中は、〝譜代《ふだい》〟と〝外様《とざま》〟との間で冷たい火花が散ることになる。

「組織は一枚岩のほうが強い」と考えるのは、組織というものを知らない人間の思い込みだ。組織は、構成員同士が同一方向に向かって競《せ》ることで活性化し、より強固なものになる。トップの手腕は、組織が進むべき方向を定め、競わせることにあるのだ。

ただし――ここが肝心なのだが――組織内の競争は、手綱をきちんと捌《さば》かなければ暴走し、派閥によって組織は分裂する。だから権謀術数に長《た》けたトップは、派閥同士を戦わせることで業績を伸ばし、派閥抗争を利用して力を削ぎ、派閥の上に君臨して組織を維持していくのである。

だが、競争心というのはメンタルなものだから、上司がいくら「負けるな」と檄《げき》を飛ばしたところで、部下に嫉妬や功名心など強烈なモチベーションがなければ笛吹けど踊らずということになる。

そこで、中途採用組を利用する。

「さすが実戦をくぐってきた人間は違うな」

と、外様を煽《あお》り、譜代には、

「中途採用なんかに負けるんじゃないぞ」

と、檄を飛ばす。

要するに組織内に波乱を起こすことで、部下のモチベーションを高めるわけだ。

ところが上司の中には、「中途採用組は使いにくい」とか、「部課がぎくしゃくする」と、中途採用に不満をもらす人間がいる。

まさに猫に〝小判〟、間抜けな上司に〝中途採用組〟である。

こんな上司を抱える会社は、早晩、倒産するに違いない。

部下に言質を与えないヤクザ流「命令術」

ヤクザは言葉の魔術師《マジシャン》だ。

「まっ、とにかくそういうことだから、いろいろ場面を考えて、いいようにしろよ」

と、こんな言い方をする。

いろいろ考えて、いいようにしろ――言語は明瞭にして意味不明、判断はおまえ任せにしながら、自分の思うとおりに若い衆を動かすのが、ヤクザ流なのだ。要するに、事件になったときに備えて、言質《げんち》を取られないように注意を払っているのである。

パクられて自供することをヤクザ用語で「歌う」と言うが、若い衆も玉石混淆《こんこう》で、すぐに歌ってしまう顎の軽い者もいるから、〝命令〟するのはヤバイ。

だから北島三郎の歌にもあるように、

♪オレの目をォ〜見ろ〜ォ、なんにィ〜もォ〜言うなァ〜

以心伝心、命令しなくても目と目で意思を通じさせるのが、ヤクザなのである。ビジネスマンも、アイコンタクトだけで部下に意思が通じれば結構な話だが、現実には難しい。上司の気持ちをわかっていながら、わざとシカトする部下は少なくない。なぜかと言うと、失敗したときのための責任回避として、上司の命令――つまり「言質」を取ろうとするのだ。だから上司も、部下に命令したりアドバイスするときは、ヤクザ流で言質を与えないよう細心の注意を払うべきだ。

上司が、命令もしくはアドバイスする場面と方法は、次の三つだ。

一、部下が失敗しても、自分に累が及ばないケース。

この場合は、「キミの思うとおり、存分にやりたまえ。骨は私が拾う」と太っ腹を演出。失敗しても累が及ばないのだから、何を言っても構わない。むしろハッパをかけて、うまくいったらめっけものと思えばいいだろう。

二、部下が失敗したら、自分も監督責任を問われそうなケース。

この場合は、成功するようにきちんとアドバイスする。ただし、「やれ」とか「こうしろ」といった明確な指示はしない。全責任がかかってくるからである。ここは

「私ならこうやる」という方向性を示唆し、部下が自分で考え、決意するようにもっていかせる。

三、何が何でも成功させなければヤバイとき。

部下の思惑なんかに構っちゃいられない。ここはなりふり構わず命令である。「失敗したら辞表だぞ」――くらいの脅迫は当然である。

以上が上司の取るべき三つの態度だが、すでにお気づきのように、部下に対して「何をどうするか」ではなく、「何をどうしゃべるか」なのである。

人間は言葉の動物と言われるように、人間関係とは言葉のキャッチボールのことを言うのだ。直球あり、カーブあり、スローボールあり、そして時にビーンボールあり――状況に応じて何でもあり、なのである。

愚かな上司ほど、部下を飴で動かそうとする

巨人の原辰徳監督は、監督に就任した2002年、日本シリーズを制した。

現在と違って当時は監督としての力量に疑問符を呈されていただけに、マスコミは一転、ヨイショと持ち上げた。そのなかに、原監督がチームをまとめる手法の一つとして、ワインパーティーのことが報じられた。選手にワインを持参させ、チームスタッフを慰労するパーティーを開いたというのだ。

原監督のこの気配りに、チームスタッフは、

「この人のために頑張ろう」

と結束を強め、より強力に選手たちをバックアップ。選手たちもそれに奮起した、というのである。

スポーツ界は〝勝てば官軍〟だから、首位を独走しているうちは、たまに負け試合になって原監督がノー天気に笑っていても、

「若大将、余裕の笑顔」

と、報じてくれる。

だからワインパーティーも、日本一になったから美談になったわけだが、このエピソードにこそ、指揮官としての原監督の甘さが表れていると、その当時私は思ったものだ。いい大人がワインパーティーを開いたくらいで、「この人のために頑張ろう」

と、結束などしないのである。翌'03年の巨人の低迷が、何よりもそれを物語っている。

組織が強固に結束するのは、敵と対峙したときだ。

《敵国外患《がいかん》無き者は国恒《つね》に亡ぶ》

という格言があるように、国（組織）は外に敵の脅威があるときにこそ結束し、一丸となって立ち向かっていく。そうしないと、自分たちがやられてしまうからである。

言い換えれば、〝外患〟さえあれば、組織は一致団結して必死の力を振り絞るということであり、〝外患〟をいかに演出するかが、指揮官の能力ということになる。

ワインをふるまって情に訴えるのは「接待の発想」で、

（この監督はいい人だ）

とは思っても、追いつめられているわけではないので、必死の努力はしない。

それが人間の心理なのである。

弱肉強食のヤクザ界は、隙あらば他組織の縄張を狙い、同時に他組織から侵攻されないよう神経を尖らせる。ひとたび他組織が縄張に侵攻してくれれば、一家挙げてこれに立ち向かっていく。組内で派閥や跡目争いをしていても、コトが起これば、必死の総力戦を挑むのである。

だから有能な組長は、絶えず他組織と小競り合いを起こすことで、組内の結束を図っている。

かつて米国の大統領が、戦争で支持率を上げてきたように、ヤクザも国際政治も、《外患＝組織の結束》という基本構造は同じということなのである。

むろん会社においても同様で、

「いまA社が、ウチのお得意を切り崩そうとしているぞ」

「このままではシェアを食われてリストラだぞ」

上司が、ヤバイ、という〝仮想状況〟を演出すれば、部下は放っておいても結束する。部下は決して飴だけでは結束しない――上司が肝《きも》に銘《めい》じるべきことである。

部下の失敗を「連帯意識」に転化する言葉のマジック

「アンタも被害者や」

ヤミ金業者の常套句《じょうとうく》である。

このひと言で客はグラリとくる。

気持ちが救われるのだ。

「好きでトイチの金引っ張る人間、おるかいな。アンタは悪うない。不景気のせいや、政府のせいや、社会のせいや——」

第三者のせいにすることで、客のプライドを保ってやり、

「アンタも苦しいやろうけど、ワシらも苦しいんや」

とやれば、客と金融ヤクザの間に連帯感が芽生え、暴利から目をそらせることができる。

ヤミ金融がよく使うレトリックの一つだが、第三者に責任転嫁して当人を救ってやり、連帯意識を喚起して意のままに動かす手法は、分野を問わず、心理術の基本なのである。

「これも、めぐり合わせや。骨、わしが拾うさかい、きっちり殺《や》るんやで」

めぐり合わせ——要するに時代が悪いと思って肚《はら》をくれ、と親分はヒットマンに言っているのである。

時代という〝第三者〟のせいにすることで、

「なんでワイが貧乏くじ引かなあかんねん」

というヒットマンの思いを断ち切り、

「お互い、因果な渡世だな。わしとおまえと、どっちが先に逝《い》くかだけや」

しんみりと語りかければ、

「親父《おやっ》さん！」

と、感動の場面になるというわけだ。

部下の失敗を救ってやり、それを奇貨として部下に連帯意識を芽生えさせようとするなら、すべて〝第三者〟のせいにしてやればよい。

「この企画、三年早かったな」

「狙いはドンピシャリ。もう少し予算があれば大成功だったな」

「社の上層部は、人を見る目がないんだ」

理由は何でもよし。

（惜しかったな。おまえは悪くないぞ）

というメッセージが部下に伝わればいいのだ。

野球で、見逃しの三振をしたバッターに対して、

「バカ野郎、どこに目をつけてるんだ！」

と一喝するか、

「あれは、ミス・ジャッジ。ボールだった。おまえの目が正しい」

と、アンパイヤのせいにして救ってやるか。

人心掌握術から言えば、むろん後者が正解なのである。

〝ホメ殺し〟で部下の退路を断つ

栃木県Ｐ市を縄張にするＡ組のＲ組長が、地元資産家のＪ氏から取り立ての依頼を受けた。金額は一千万円で、相手は飲食店経営者。謝礼は〝取り半〟——すなわち回収額を折半ということだった。

ただし面倒なことに、相手は店も住まいも都内であった。縄張内《シマうち》なら追い込みも楽なのだが、都内となると土地勘もないし、どこぞの組が〝ケツ持ち〟をやっていれば、そことも話をつけなければならない。Ａ組が大手組織なら、系列下にある都内の組を一枚噛ますこともできるが、A組は一本どっこの弱小組織であった。

だが、資産家の依頼を断ると、「A組は頼りない」ということになって、今後に影響する。それに一千万円の〝取り半〟は、シノギとしてもおいしい話だった。

「わかりました」

R組長は快諾すると、幹部のMを呼んで、

「これにやらせます。元X会の人間ですが、縁あってウチの盃《さかずき》をやりました。この男なら間違いありません。大船に乗ったつもりでいてください」

と言って、紹介したのである。

X会というのは関東の広域組織で、Mはその下部組織に所属していたが、金銭トラブルから所属組織が解散になり、郷里のA組にツテを頼って〝再就職〟した。「元X会」という大組織のブランド効果で、たちまちA組の幹部にノシ上がったのである。

「そいつは心強い。ひとつMさん、これをご縁によろしくお願いしますよ」

資産家は上機嫌で笑った。

Mも笑顔を返しながら、しかし内心では、

(組長《オヤジ》にうまくハメられた)

と舌打ちをしていたのである。

組長が「大船」と請け負った以上、Mは、たとえ取り立てに失敗しても、成功したということにして、〝取り立て金〟を詰めなければならない。組長のメンツと同時に、M自身の器量にかかわることでもある。「大船」というひと言で、組長はMの退路を断ってしまったのである。

案の定、飲食店経営者には〝ケツ持ち〟がいたが、幸いにもMが元いたX会系だったので話し合いはスムーズにいったが、貫目《かんめ》（力関係）の違いで、三百万円で手を打たざるを得なかった。

だが、一千万円の追い込みで三百万円しか切り取れなかったとあっては、Mはメンツがない。そこで別途三百万円をなんとか自分で工面し、六百万円で話《ナシ》をつけたことにしたのである。

「X会相手に六百万とは、オレが見込んだだけはある」

と、R組長は呵々大笑《かかたいしょう》であった。

人間は、相手を褒めることで、その退路を断つのだ。

「ウチの○○は、中国ビジネスにくわしいんですよ」

と、クライアントの前で部下を紹介すれば、この部下は放っておいても中国ビジネスの勉強をする。

「英語、大丈夫です」

と、紹介すれば、必死で英語を勉強する。

ホメて育て、ホメて退路を断つ――。部下を操る要諦《ようてい》の一つである。

第4章

上司を相手に自分の価値を高める技術

無理難題は断らず、引き受けると同時にいなせ

ヤクザに理不尽な命令はつきものだ。

「人を殺せ」

と言われても、返事は「はい」で、「しかし」はあり得ない。

だが、ビジネスパーソンはそうではない。

「経理内容をうまく処理しろ」

と、社の上層部に粉飾を示唆されて、

「はい、わかりました」

と、二つ返事で引き受ける経理マンは、まずいないだろう。

これは犯罪なのだ。

眠れぬ夜を数日過ごしたあげく、断るか、会社を辞めるか、どちらかを選ぶことになる。

企業犯罪はともかくとしても、上司からの無理な命令や依頼はよくあることだ。接待費のごまかし程度ならご愛嬌だが、

「○○君、ウチの専務が愛人問題でヤクザに脅かされているんだ。なんとかいい方法はないかね」

という難題が降りかかってくることもある。

実際、総会屋を担当する大手企業の総務課では、このテの問題は珍しくない。大手非鉄金属のE社総務課に勤務するK君がその当事者で、相談という名の命令をしてきたのは、専務の腹心であるW部長だった。

「部長、それは警察に届けたほうがいいと思います」

と、返事したのでは、

「警察に届けられないから、キミに頼んでるんじゃないか。総務課で何の仕事をしているんだ。この役立たずが」

K君の会社での将来はない。

上司の依頼は、どんな無理難題であっても、ヤクザの若い衆と同じように、「わかりました」と、まず返事をする。

これが基本。

K君もそう返事してから、

「解決にはまとまったお金が必要になります」

と、解決に伴う条件やリスクを提示する。

「やむを得んだろう。金は専務のほうで用意していただく」

「承知しました。解決に全力を尽くします。ヤクザとトラブルになって、もし私の身に万一のことがあれば、残った妻子をよろしくお願いします」

この「もし万一」という言葉に、部長はドキリとする。

（本当に万一の事態が起こったら、大事件になる。私の立場は……）

あらためてコトの重大さを再認識することになる。

「わかった。しかし、ちょっと待ってくれ。もっとほかに解決法がないか、専務ともう一度、相談してみるから」

結局、検察出身の社の顧問弁護士に相談した専務が、内々でヤクザと話をつけて一件落着するのだが、K君はヤバイ依頼を回避したと同時に、

（あいつは骨がある）

と、部長の信任をも得たのである。

無理難題を押しつける上司は、ヤクザの上層部がヒットマンを飛ばすのと同様、自分で手を汚したくないのだ。言い換えれば、部下が失敗してコトが大きくなり、累が自分に及ぶことを何より恐れている。

ここを衝《つ》けばいいのだ。

「わかりました」

毅然と引き受けて、

「ただし――」

と、上司がヤバイと感じる条件をいくつか提示すれば、たちまち気持ちはグラリ、なのである。

そして、あとに残るのは、

（あいつは使える）

というプラスの評価というわけだ。

上司の理不尽な命令こそ、実は部下にとって自分を売り込むチャンスなのである。

上司に取り入ろうと欲すれば、まず服装をマネすべし

K会幹部のW氏は、若い衆のあこがれの的だ。

苦み走ったいい男というのは、W氏のことを言うのだろう。年齢は三十代半ば。背が高く、好んで着るダークスーツは有名テーラーの高級仕立て。クルマは、ヤクザには珍しく、エレガントな白いジャガーのダブルシックスで、趣味はスキューバダイビングだ。ヤクザとしても筋金入りで、K会とドンパチやった敵対組織の親分を匕首《ヤッパ》で刺して重傷を負わせ、懲役にも行っている。

若い衆たちは、W氏の歩き方、煙草の吸い方、目の配り、口調、服装など競うようにしてマネた。ヤクザはパフォーマンスが重要だから、あこがれの兄貴を理想型とし、それに近づこうとするわけだ。

マネされて、W氏も悪い気はしない。自分を理想として崇《あが》めてくれる若い衆には、洋服や時計、ライターなど持ち物をくれてやる。若い衆は、兄貴のおさがりをもらっ

たことを喜ぶのだ。

では、ビジネスパーソンはどうか。ヤクザと同じ感性で上司にあこがれる部下は、おそらくいないだろう。だが、部下から慕われて悪い気がしないのは、ヤクザもビジネスパーソンも同じだ。

だから、上司に取り入りたいのであれば、上司のマネをすればいい。ヤクザのようにパフォーマンスに特徴がある上司は少ないだろうから、マネるなら服装がいいだろう。

そして、

「このネクタイ、部長のマネをさせていただきました」

とアピールする。

たったこれだけでも、上司は嬉しくなるものだ。

もし、上司と同じネクタイが見つからなければ、

「それ、素敵ですね。どこで買われたんですか？」

と訊いて、それを買って締めていけば、上司はニッコリである。

そのうち、

「それだったら、こんなのもいいぞ」

と、アドバイスしてくれるようになったら、あなたは上司の心をつかんだことになるのだ。

ゴマをすって出世を図るのは〝シッポを振る犬〟の方法論

某大組織Q組のZ組長は、武闘派として頭角を現し、頂点に昇りつめた人物だが、駆け出し当時から頭《ず》が高かった。気位の高さ、とでも言おうか、生意気というのとはちょっと違っていた。

「とにかく相手が誰であろうと、頭を下げもしなければ、ニコリともしないんだから」

と、思い出を語るのは、Z組長と若いころから親交のある某俳優である。

「ずいぶん昔だけど、映画の地方ロケで某県へ行ったときのこと。Zさんがたまたま所用で来ていたので一緒に飲みに出かけたんだけど、何軒目かのクラブで地元の親分さんと鉢合わせした。この親分さんは、先夜、主だった出演者を呼んで一席設けてくれたこともあって、行きがかり上、僕がZさんを紹介したんだ。ところが――」

親分が丁重に名乗って会釈したにもかかわらず、Z氏はズボンのポケットに両手を突っ込んだまま、席から立とうともせず、

「ウッス」

と、顎をしゃくって挨拶を返したのである。

「これにはオレも肝《きも》を潰したよ。いまZ組長と言えば全国にその名が轟《とどろ》いているけど、当時はまだ無名だからね。それに引き換え、相手は、地方都市とはいえ、名の知れた親分さんだもの。ヤバイよ」

このときは幸いコトなきを得たが、相手が誰であろうと、決しておもねることなく、威風堂々とした態度を貫くZ氏を見て、後の大出世を予感したと、この俳優は私に語ってくれた。

会社という世界は、仕事の能力だけで出世できるほど単純ではない。上司に可愛がられ、あるいは認められ、上司の〝引き〟で出世していく。だから、誰もが上司に取り入ろうとする。

だが、上司の機嫌を取ることで歓心を買おうとするのは間違いだ。

なぜなら機嫌を取る人間は、見下されることで存在するからである。

そんなことでは会社でノシていくことは不可能だ。〝ゴマすり〟は成長しても、所詮は〝ゴマすり〟のままなのである。

出世しようと肚を決めるなら、Z組長のように威風堂々の態度を貫くことだ。当初こそ生意気だと言われるかもしれないが、その態度を貫き、一方で仕事に打ち込めば、必ず上司から評価の声が上がってくるものだ。

犬を見るがいい。

シッポを振って可愛がられる犬は、一生、シッポを振り続けなければならない。だが優秀な猟犬は、シッポを振らなくとも、能力を認められさえすれば、一生、大事にされるのだ。

思慮の浅い努力はかえってマイナス評価を呼ぶ

ある抗争事件のさなか、所用があって、私が関西の某組長宅を訪ねたときのことだ。玄関前に機動隊が張りつき、自宅内は部屋住みの若い衆のほか、組員たちが詰めていて、ものものしい雰囲気だった。

応接間に通され、組長が入ってくると、組員の一人がスーッと窓に身体を寄せて立った。

「そこで、何しとんのや」

「万一のために……」

「アホか。機動隊が外に居てんのに、どないするっちゅうんや」

組員は弾よけのつもりで窓際に立ったのだが、親分に「邪魔や」と怒られてしまったのである。親分のためを心底思っての行動だったのか、それとも親分の歓心を買うパフォーマンスだったのかはわからないが、いずれにしても、この組員の取った行動は、マイナス評価になってしまったのである。

このように、よかれと思って取った行動がマイナス評価になってしまうことは、実は少なくないのだ。

たとえば、こんなことがある。

某大手不動産会社が、お得意さんを招待し、伊豆の温泉に行ったときのことだ。宴会前、風呂から上がった専務が、ぶらりとK課長たちの部屋に顔を出したので、あわてたK課長が、急いで座布団を出して勧めた。よかれと思ってそうしたのだろうが、専務はそれを見て、K課長に対する評価を下げたという。

ここは、

「専務に座布団を」

と、部下に命じて出させるべきだったのだ。

なぜか。

「座布団でもスリッパでも何でも同じですが、長のつく人間が、上司に対して自分が直接手を下してはいけないんですよ」

と、当の専務が語る。

「もともと上下関係にあるものが、座布団を出したことでより明確になってしまう。つまり、上下の差が広がってしまうから、より見下されることになる。マイナス評価ですね。ところが部下に命令して座布団を出させれば、私——つまり専務にしてみれば、課長は〝命令する側〟に立っているから、同等の立場のような錯覚が起こる。課長はプラス評価されるというわけです」

ヤクザは、間違ってもK課長のようなことはしない。

若い衆を顎で使う。

「おまえも、いい兄ィになったな」

と、親分に認めてもらうにはどういう行動を取るべきか、普段から常に考えているからである。

あるいは、こんなこともある。

某銀行に勤めるS君は、ひと駅違いの町に住むP部長に取り入ろうとして、毎朝、同じ電車に乗り合わせるようにした。

「部長、お早うございます」

「おお、キミか」

と、こんな調子で、気に入られるようになった。

そして一カ月が過ぎたころ、S君は残業が続いたため、朝がつらくて何度か部長より遅い時間の電車に乗ることになった。

すると、

「Sは最近、オレを避けているようだ」

と、部長がもらしていたという話を人伝《づ》てに聞いたのである。

それからというもの、S君は何が何でも部長と同じ電車に乗るよう努力するハメになった。部長に取り入るはずの通勤電車が、逆にS君を縛ることになったのである。

責任をいかに回避するか——上司と部下の駆け引き術

ヤクザの親分は、組員に対して、常に「王手、飛車取り」の態度で接する。

たとえばA親分の命令で、幹部のB本部長が地元の資産家C氏と債権取り立ての話を進めたときのことだ。何度か交渉の末、首尾よく条件がまとまり、パートナーとして取り立ての仕事をすることになった。

「親分《おやっ》さん、Cさんとの件ですが、〝取り半〟にして、経費はウチで持つということで話をつけました」

と、報告すると、

「そんな話、聞いてねぇな」

A親分は冷たく言い放ったのである。

途中経過を省いて結果だけを報告したことに、A親分がヘソを曲げたのだ。親分の器量にもよるが、特に弱小組織の親分は〝お山の大将〟が多いだけに、自分が省略されると、軽く見られたと思ってしまうのである。

B本部長が積み上げてきた交渉も、親分《オヤジ》のひと言で白紙になってしまった。B本部長としては、万一、事件になったときに親分に累が及ぶのを避ける意味で、あえて途中経過を報告しなかったのだが、それが裏目に出たということになる。

では反対に、途中経過を報告すればよかったかというと、それもだめなのだ。

もしB本部長が、逐一、A親分に途中経過を報告すれば、

「なんでぇ、いちいちウルセーな。テメエの裁量でやらんかい」

と、機嫌が悪くなったろう。

親分としては、B本部長が話をまとめ、金《アガリ》を持ってくればそれでいいのである。つまり、途中経過は省略しても、逐一報告しても、親分の機嫌を損ねてしまう。だから「王手、飛車取り」というのだ。

会社の上司も、実はヤクザの親分と同じ意識構造なのだ。結論だけを持ってこられると面白くない。ヘソを曲げる。

反対に、逐一報告され、指示を仰がれると、

「いい加減にしたまえ」

と、これまたマイナス評価だ。

だが、上司が「王手、飛車取り」でくるなら、部下たる者、しっかりと〝保険〟をかける必要がある。こういう上司に限って責任回避、すなわち仕事が失敗すれば、部下に背負わせてしまうからである。

では、どうやるか。

経過を報告する。

「いい加減にしたまえ」

と上司が不機嫌になるのは、報告した後に、

「それで、どうしましょうか？」

と、指示を仰ぐからである。

これが上司には煩わしく、同時に部下が責任を回避していると思う。だから余計に苛立つ。

ここは指示を仰ぐのではなく、

「いま、こうなっています。これから、こうするつもりです」

簡潔に報告だけをするのだ。

そうしておけば、

「そんな話は聞いていない」

とは言えなくなるし、そこで別の指示を出さなかったということは、部下の「こうするつもりです」に了解を与えたことになるわけである。

それに、部下が責任を回避するつもりで、

「どうしましょうか？」

と、上司に指示を仰ぐのは諸刃の剣なのだ。

上司がキレ者で、

「キミの判断でやりたまえ」

と、突っ返されると、部下が責任を背負うことになってしまうからである。

左遷をチャンスに出世せよ!　心をくすぐる上司操縦法

G新聞社会部記者のT君が、北関東のU支局に飛ばされた。少年犯罪の報道合戦で、犯人の逮捕をめぐって二度も続けてライバル紙に抜かれたからだ。

部長が激怒して、U支局へ飛ばしたというわけである。

だが、二十八歳と若いT君は、何としても〝花のお江戸〟へ帰りたかった。花形は本社社会部である。地方へ飛ばされたまま、本社に上がることなく定年を迎える記者も少なくない。それを思うと、焦燥の日々であった。

そんなある日のこと。

T君は、社会部次長のEが若いころ、このU支局に勤務していたことを知った。そこでT君は、E次長にアタックを開始した。

E次長がU支局時代にスクープした記事や、評判になった記事を検索し、それについて質問をメールで送るようにしたのである。もちろん本社へ帰りたいなどとはおくびにも出さず、あくまで「自分もU支局時代の次長を見習い、U支局でいい記事を書きたい」という姿勢を強調した。

E次長も、自分が若いころ過ごした支局であり、思い出の記事である。質問されて悪い気がするはずはない。そのうちには、E次長が通っていた飲み屋まで教えてもらうなど、T君はE次長と親密さを増していった。

こうしてメールをやり取りするうちに、T君はE次長にすっかり気に入られ、E次長が部長に昇進すると同時に、本社復帰を果たしたのである。以後、順調に出世階段を上っている。

T君はU支局に飛ばされたことをプラスに転じたのである。

ヤクザの世界でも、これと似たようなことがある。

関東某市R組のN組員は、ある事件で懲役三年六カ月の刑を打たれて下獄した。そして刑期の三分の二が過ぎたところで仮釈放の審査が始まった。

ところがN組員は、わざと規律違反を犯すなどして満期まで務めたのである。なぜかというと、親分《オヤジ》があるとき「ヤクザ者《もん》が仮釈なんかもらったら承知しねぇぞ」と言って兄貴を叱りつける現場を見たことがあったからだ。昔気質《かたぎ》の親分が、仮釈放を嫌っていることを知っていたのである。

こうして満期で出てきたN組員は親分に褒められ、可愛がられ、出世していく。一方、刑期を務めながらも仮釈放で出たために、親分に嫌われる組員もいた。組のために身体を賭けて懲役に行きながら、親分の〝渡世観〟を知らないがために割を食ってしまうわけである。

地方に飛ばされたり、刑務所に入ったりしても、それをうまく活かせば、マイナス転じてプラスとなり、出世の足がかりをつかむことになるのだ。

第5章

クライアントの心をつかむ技術

価値ある情報が欲しければ、質問よりも〝お土産話〟を忘れるな

「何かいい話ないかい？」

デキの悪いヤクザの常套句《じょうとうく》である。

「あるわけねぇだろ。こっちが教えてもらいたいよ」

「そうだよな。こう不景気じゃ、まいっちまうぜ」

ボヤいて終わり。何の進展もない。

優秀なヤクザは違う。

「昨日、××組の○○に会ったら、倒産した凸凹工業の整理やるんだってな」

「凸凹工業？　あそこは△△組が噛んでるって話だぜ」

「モメるな」

「オレ、△△組の幹部と、いいつき合いしてるんだ」

「じゃ、場面見て、××組にはオレから話をするから、△△組に下話《したばなし》しといてくれ

よ」

話は具体的に進展していくというわけだ。

「何かいい話はないか?」——と問いかけるのは、おねだりをする〝くれくれ小僧〟と一緒で、相手からすれば、価値のない人間だ。会うだけ時間の無駄だと思ってしまう。

ところが、「こういうことがある」「ああいうことがある」と情報を提供してくれる相手は重宝だ。会って損はない。だから積極的に会いたいと思う。この差がシノギに大きく影響してくるのである。

ヤクザのこの手法を、私は週刊誌で芸能人などの人物インタビューのシリーズを手がけたときに活用した。

どうやるか。

質問するのではなく、情報や話題をまず提供する。

「こんどの新曲、渋谷のレコード店の話では、十代の女のコにウケてるそうですが、ご存じですか?」

「へぇ、そうなんですか」

相手は身を乗り出してくる。

提供すべき情報がなければ、感想を述べる。

「映画、拝見しました。彼氏と別れるシーンの泣き笑い顔、とてもよかった」

「えっ、ホント? 実はあのシーン、何度も撮り直しちゃって……」

いかに相手を乗せるか――ここが勝負で、インタビューだからといって質問から入れば〝くれくれ小僧〟になってしまって、相手はシラケてしまうというわけだ。

ビジネスも同じで、商談の中身より、いかに相手を面談という土俵に引き込むかが大事だ。そのためには〝お土産話〟がいる。相手に応じて、何の〝お土産話〟をするかを事前に考え、用意するのだ。

ところが多くのビジネスパーソンは、「いかに商談を進めるか」ということばかりを考え、シミュレーションして面談に臨む。クライアントに対して〝くれくれ小僧〟になっていることに気づかないのである。

そして――これは意外に見落とされているビジネス心理術だが――こちらが情報を提供すると、クライアントも、

「実は、その件に関しては、こんな話があるんだ」

と、新たな情報を披露してくる。

なぜなら人間は〝自慢したがる生き物〟だから、情報の受け手に甘んじることはプライドが許さない。

そこで、

「オレだってこんなこと知ってるんだ」

と、自慢したくなってくるというわけである。

クライアントが乗ってくれば、ビジネスは成功したも同然なのだ。

〝借り〟は、誰の目にも明らかな形で〝返す〟べし

元ヤクザで、現在は手広く事業を展開しているK氏に頼まれ、私が人物紹介記事として某広域組織の現役組長をインタビューしたときのことだ。

「これ、気持ちだから取っておいてよ」

帰りしな、祝儀袋を渡された。「御車代」と書いてある。一度は断ったが、組長と

してもK氏に対するメンツもあって、私を手ぶらで帰すわけにはいかないのだろう。それにヤクザは、一度出したものを引っ込めることはない。固辞も程度が過ぎると妙なことにもなりかねないので、

「じゃ、お預かりします」

と言って、持ち帰ることにした。

そして、K氏にそのことを報告すると、

「なんだ、それじゃ貸しにならないよ」

開口一番、そう言ったのである。

K氏の意図は不明だが、記事に取り上げることで組長に〝貸し〟をつくろうとし、組長は私に御車代を渡すことで〝借り〟になるのを避けた——私はK氏の言葉から、そう理解したのだった。

「一宿一飯の恩義」

という言葉がヤクザ界にある。

「お控えなすって。手前、生国と発しますは……」

という仁義で知られるように、かつてヤクザは、諸国の貸元に一宿一飯の恩義を受

けながら旅して歩いた。だが、たとえば逗留先で抗争《でいり》に遭遇すれば、一宿一飯の義理から、命を懸けて加勢しなければならなかった。要するに〝借り〟を返すわけで、ヤクザは「義理」を行動規範とする。

だからヤクザにとって〝貸し借り〟は、非常に重い意味を持つ。いかに〝貸し〟をつくり、いかに〝借り〟をつくらないか――ここが渡世の勘所《かんどころ》になるわけだ。

一方、ビジネスパーソンの行動規範は「利益」である。

儲かるかどうかで判断する。利益を追求するのが企業の正しい在り方とするなら、ビジネスパーソンはその尖兵としての役割を担っているわけだ。

だが、ビジネスパーソンも人間だ。

利益という数字で割り切ろうとしても、接待されれば〝義理〟を感じてしまう。向こうが勝手に接待しているのだから、義理に感じる必要はないはずだが、理屈で割り切れないのが人間なのである。

だから、相手を落とそうとするなら接待で〝貸し〟をつくる。〝借り〟をつくりたくなければ〝返す〟――ビジネスもヤクザも渡世の基本構造は同じなのである。

だがビジネスパーソンは、〝貸し〟をつくるのは上手でも、〝返す〟のはヘタだ。

たとえばクラブへ接待されたとする。接待に応えようと、歌の一つも披露し、冗談を言って座を賑わす。借りを返すとまでは言わないまでも、自分としては精一杯サービスしたつもりでいる。

ところが、これが相手に〝返し〟だと通じなければ、無駄なサービスになる。

相手に借りをつくらないためには、

(あっ、貸しを返されたな)

と、相手がハッキリと認識するものでなければならないのだ。私のケースのように「取材」に対して「御車代」となれば、誰でも〝返し〟だとわかる。

ここがポイントなのだ。

最悪なのは、こちらが借りを返したつもりでも、相手がそうと認識していない場合だ。

「あいつは、たかり屋だ」

という悪評が立つ人は、本当にたかり屋か、〝返し〟がヘタか、どっちかなのである。

大企業と勝負するなら、「ジャッキ・アップ法」で挑め

ヤクザと〝業界〟の話をしていて、一つ気づくことがある。

それは、他組織を褒める場合でも、決して手放しでは褒めないということだ。

たとえば、地方都市のゴミのような組であっても、大組織を評して、

「あそこもよくやっているよな」

と、こんな言い方をする。

「すげぇよな」

と、感嘆することは、まずあり得ない。

なぜか。

感嘆するということは、自分が風下に立っていることを公言していることになるからだ。

だから、

「あそこもよくやっているよな」

と、余裕をかますことで、

（へぇ、ヤクザってのは組織の大小にかかわらず、肝《きも》が据わっているんだな）

と、カタギ衆は感心し、地元での立場はより強固になるというわけである。

実は、この手法はかなり効果的だ。

たとえば私が、記者仲間と編集企画会社をやっていた当時、こんなことがあった。

ある機械メーカーがCI（コーポレート・アイデンティティ）をやるというので、弱小の広告代理店と組んで営業をかけたことがある。なんとか仕事が取れそうだということだったので、私はデザイナーを同行して意気揚々と本社に乗り込んでいった。

ところが担当役員に会うと、

「実はD社からも、ぜひやらせて欲しいと言ってきているんですよ」

と、意外な社名を口にした。

D社——超大手広告代理店である。しかも、D社は手回しよく、新社名とロゴのデザイン案まで提出していた。

当時、日本経済はバブル前夜。企業は多角化路線を突っ走り、〝鱒のつかみ取り〟

のような熱気があった。これに伴い、社名変更を柱にしたＣＩが大ブームになっていた。

要するに、好景気に浮かれて企業がリフォームを始めたわけである。会社名を変えれば、ロゴマークから、何から何まで変えなければならない。我々としては、おいしいビジネスだったのである。

そこへ、Ｄ社の登場である。Ｄ社と我が編集企画会社とでは、巨像とシラミ。勝負になるわけがない。粘っても時間の無駄なので、私は手仕舞いして帰ろうとした。と、そのときである。

同行したデザイナーが、Ｄ社が提出したロゴのデザイン案を手に取りながら、ボソッと言った。

「Ｄ社のデザイン部門も、最近は垢抜けてきましたね」

この、高見から見下ろすようなひと言で、担当役員の表情が変わったのである。

「ほう、そうですか」

興味を示してきたのだ。

「たとえば、ここの部分ですが……」

デザイナーが説明を始めた。

結果、この仕事は私たち〝シラミ〟が受注した。D社に比べて総予算が低く、かつ力量がD社と対等であるなら、〝シラミ〟に仕事がくるのは当然だろう。

大企業も、うまく踏み台にして自分をジャッキ・アップすれば、競争して恐れるに足らず、ということなのである。

奢って義理を背負わせたいなら、〝銀座〟より〝居酒屋〟

私が「昇空館」という空手組織を主宰していることはすでに紹介した。

空手の稽古、指導を通じて、人生の糧《かて》となる多くのことを学んできたが、その一つに呼吸がある。

技量が未熟な人間は、組手や型をやるときに緊張から無呼吸になってしまう。呼吸が浅くなる。息苦しくなるので、空気を吸おうとするが、肺の中に入っていかない。呼吸をほとんどしていないため、肺の中に空気が溜まっているからである。

そんなとき、

「息を吸いたければ、先に息を吐け」

と指導する。

息を吐けば肺が空になるので、自然に空気が入ってくるというわけである。

これは一例に過ぎないが、「息は吐くから吸える」――つまり、武道のこの体験を、「何かを得たければ、まず与えよ」という人生論に昇華させて初めて、稽古をする意味があると私は考えていた。

ところがヤクザは、そんな精神論ではなく、経験則として、「まず与え、以《もっ》て得る」を実践しているのである。

たとえば、ヤクザと知り合って一緒に飲みに行ったとする。

勘定はヤクザが持つ。

「いいってことよ」

「じゃ、割り勘に……」

「なに言ってんだよ」

取り合わないで、奢《おご》ってしまう。これが二度、三度と続ければ、相手に〝義理〟を背負わせることになる。

これが「損して得取れ」という意味なのである。

ただし飲み屋で奢る場合は、居酒屋や焼き鳥屋など、安い店でなければだめだ。

なぜか。

たとえば銀座の高級クラブを四、五軒、奢ったとする。すると相手は、勘定が高すぎるため、負い目を感じるどころか、

(この人はお金持ちだから、奢って当然)

という気持ちになってくる。端《はな》から手が届かないことには、人間は負い目など持たないのだ。

ところが、これが居酒屋や焼き鳥屋だと、自分でも払える料金なので、

(奢ってもらった。今度は奢り返さなきゃ)

と思う。

これが負い目になるというわけである。

ビジネスにおけるクライアントとの関係も同じことだ。値引きすることで〝ヤクザ流〟に義理を背負わせようとするなら、値引き額は小さくして、

「これが私の権限でできる値引きの限界です」

とやる。

これによって、誠意が伝わり、

（この人に無理をさせた）

という負い目をクライアントが抱いてくれれば一丁あがりとなる。

「接待」とは、自分を売り込むパフォーマンスの場である

裏世界では知られた事件屋のＹ氏に、向島の料亭で接待されたことがある。取材で知り合ったのが縁で、たまに会って話を聞いていたのだが、たぶんＹ氏は私にいいところを見せようとして、向島へ連れて行ったのだろう。私のほか、知人数名が一緒に行った。

「三味線《しゃみ》も踊りもいいから」

と、ベテラン組は断り、若い芸者五、六人と、伴奏のギター弾きを呼んでドンチャ

ンやり始めた。

そして、飲めや歌えで座が盛り上がったところで、やおらY氏は分厚いクロコの札入れを取り出すと、一万円札で空のコップを塞ぐように置き、その上に日本酒を満たした升をのせて芸者に差し出した。

何をするのかと見ていたら、芸者が升を飲み干して、その一万円をチップとしてもらうのである。順繰りに芸者たちが飲み干していく。二巡、三巡すれば、それだけで十数万円である。

この光景を見ながら、

(なるほど、接待はこうあるべきかもしれないな)

と感心した。

どういうことかというと、接待の眼目は、「うまかった」「楽しかった」と相手を満足させることよりはむしろ、

(彼はこんな店の常連なのか。たいしたもんだ)

と、自分を売り込むことにあるのだ。

なぜなら、商談をするのは《あなた》であり、料理やホステスではないからだ。料

理がいくら素晴らしくても、高級クラブがいくら楽しくても、《あなた》自身を売り込まなければ接待の意味がないのである。

接待なのだから、お客さんに楽しんでもらうのは当然だ。

だが、店を選ぶときに考えるべきは、

「その店で、自分はお客さんの目にどう見えるか」

ということである。

私は、向島の料亭でＹ氏を見直した。

（さすがＹさんは遊び馴れているな）

という思いと、

（Ｙさんは儲かっているんだな）

という思いの二つであった。

「接待」が、お客さんをヨイショすることだと思っているから疲れる。

幇間《たいこもち》の接待だから、ストレスが溜まる。

そうではなく、自分を売り込むパフォーマンスの場と考えるなら、接待もまた違ったものに見えてくるはずである。

優位に立ちたければ、頼み事をせよ

「ヤクザは人気商売である」

と喝破《かつぱ》した関東ヤクザ界の長老の話はすでに紹介した。

実際、ヤクザは、債権取り立てからトラブル解決まで、頼まれることでシノギする。

だが〝頼まれ上手〟は、同時に〝幕引き上手〟でもある。

「これ以上、取り立てるのは難しいな。どうしてもと言うのなら、殺《や》っちゃうしかないけど、どうする？　オレはどっちでもいいぜ」

こう言われて、

「じゃ、殺っちゃってください」

と、答える人はいないだろう。

「いえ結構です。いろいろお世話さまでした」——お礼と感謝を述べて一件落着。幕引きとなる。

では、なぜヤクザが〝幕引き上手〟かと言うと、依頼というのは――これが人間関係の不思議なところだが――引き受けた瞬間から、引き受けた人間のほうが立場が弱くなり、それを避けたいからである。

たとえば取り立ての依頼を受けたとする。相手がしたたかで、思うようにいかない。

依頼した人間は、

「まだでしょうか」

と、催促する。

「もうちょっと待ってよ」

さらに日数が経つと、

「どうなってるんですか。まかせろと言ったじゃないですか」

依頼した人間の口調は強くなり、

「申しわけない。二、三日中になんとかするから」

頼まれた人間が謝るハメになる。

だからヤクザは、頼まれ事はケリをつけるか、長引きそうだったらさっさと〝幕を引く〟というわけである。

逆を言えば、頼み事をすれば、相手より優位に立てることになる。ビジネスパーソンにとってクライアントとの関係は、向こうが絶対優位の立場にあるが、頼み事をすることによって、関係をひっくり返すこともできるのだ。

こんなケースがある。

自動車ディーラーの若手営業マンのM君は、F運送に軽トラックを十台納めていた。ある日のこと。F社の社長と雑談をしていて、M君が中古住宅を探しているという話をすると、成り行きで「じゃ、オレが探してやるよ」と、社長が気軽に引き受けてくれたのである。M君は予算と、一軒家が条件であることを告げた。

ところが、その予算で一軒家の中古住宅がなかなか見つからない。

「すまんなM君、いま探させているから、もうちょっと待ってくれんか」

社長が頭を下げ、その負い目もあってだろう、さらに軽トラック五台を追加購入してくれたのである。

ただし、頼み事を催促するときは、居丈高にならないこと。調子に乗っていると、相手にケツをまくられることになるからだ。

「すみませんねえ、無理なことお願いして」

と、頭を下げつつ、真綿で首を絞めるように追い込んでいけば、次第に立場は逆転していくというわけである。

反対者の説得には、「みなさんvs.あなた一人」の図式が効く

用心棒代《ミカジメ》はヤクザ組織にとって大きな収入源の一つだ。

飲み屋などを新規開店すると、すぐに地元の組がやってきて、「ここはウチの縄張《シマ》なんだ。ひとつ、いいつき合いを頼むよ」と、暗に用心棒代を要求する。

暗に要求するのは、暴対法で用心棒代の徴収が禁止されているからで、警察に駆け込まれたらパクられてしまう。だから「いいつき合い」といった漠然としたセリフで要求するのだ。

用心棒代だけでなく、オシボリや観葉植物のリース、縁起物の熊手など、強面《こわもて》の兄イが、あれやこれやと営業(?)をかけてくる。ヤクザにとって縄張とは、いわば農

家における畑のようなもので、野菜のかわりに金銭という収穫を得る。縄張をめぐってヤクザ同士の抗争が絶えないのは、そういう理由によるのだ。

だが、この不景気と暴対法の啓蒙によって、

「ウチは、そういうのはちょっと……」

用心棒代に難色を示す飲食店も出てきて、ヤクザも昔のように、やらずぶったくりができなくなった。

「なんだと、テメエ！　ウチを通さないで、商売できると思ってんのか！」

というタンカは、いまどき流行《はや》らない。脅かせばパクられ、結局、高くついてしまうのだ。

だが、そうかといって黙っていたのでは、他の店に対して示しがつかない。

組織としての貫目《かんめ》も問われる。

どの店だって用心棒代なんて払いたくないのだから、

「あの店が払っていないのなら、ウチの店も」

ということになる。

国民年金の加入率と同じで、用心棒代の徴収率は組の存亡にもかかわってくるのだ。

そこで、どうするか。

店の経営者を追い込んだりするのは田舎ヤクザ。洗練されたヤクザは、心理術で用心棒代を出すのが当然という気持ちにさせるのだ。

「他の店のみなさんとは、いいおつき合いをさせていただいているんですよ」

みんなが用心棒代を払っている——というニュアンスを強調することで、

「じゃ、ウチも」

という気にさせる。

あるいは地上げのときの立ち退《の》き交渉も同じだ。

「みなさん、納得してくださっているのに、ゴネているのはお宅だけですよ」

と迫る。

「みなさん」を強調しつつ、「だから、お宅も」という展開で攻めていくのである。

すると相手は、自分一人が悪者になったような錯覚に陥るというわけだ。

会社でも、新規プロジェクトを立ち上げようとすると、必ず反対する人間がいる。

放っておくと、同調者が出てくる危険もあるので、早急な説得が必要になる。

ここで「みなさん」を活用するのだ。

「みんなが賛同してくれていて、反対は、あなた一人ですよ」

「あなた一人の反対で、みんなが困っているんです」

みなさんvs.あなた一人――の図式に持っていくのである。

「せやけど、気ィつけな、ヤブ蛇になることもあるんやで」

と、笑うのは関西系組織のD氏だ。

「わしやったら、すぐに揚げ足を取りまんがな。みんなが了解しとる言《ゆ》うてきたら、『わかった。それなら協力するけど、もし一人でも反対がおったら、この話、白紙やで』と切り返すんや」

反対者が他に一人でも出てくれれば、今度は堂々と反対できることになるから、〝一票〟の値打ちはグーンと高くなるという次第である。

説得する側と、される側――。ヤクザはいかに自分の〝一票〟を高く売り、いかに相手の〝一票〟を安く買うかを考えて行動しているのである。

熱意でクライアントを説き伏せようとする〝営業バカ〟

Ｆ一家は大組織の系列にあって、関東では知られた組織で、幹事長として組を統率するＮ氏は、キレ者として評判だ。

某有名私大を出た秀才で、度胸もあれば、顎（弁）も立つ。しかも顔が広いとなれば、当然のごとく、カタギ衆から稼業の人間までいろいろと仕事を持ち込んでくる。だが、すべてを引き受けるわけではない。問題は、人間関係を壊さないで、どう断るか、である。

たとえば、同じ系列にあるＷ組のＲ氏が、開発途中で倒産したゴルフ場の話を持ち込んできたときのことだ。銀行に〝損切り〟（見切り売りをすること）させるから、客をつけてくれないか、という相談だった。

Ｒ氏の説明が終わったところで、

「なるほどね。いい客がいたら連絡するよ」

と、N幹事長は生返事して、

「ゴルフっていや、腱鞘炎《けんしょうえん》になっちまったよ」

と、別の話題に転じた。

(オレはその話には乗らないよ)

というシグナルを送ったのだ。あえて「ノー」とハッキリ言わないところが、N幹事長の気配りなのである。R氏もそこを察し、友好ムードのまま別れれば、次にまた別の仕事で組める。

ところが、R氏は、N幹事長のシグナルが読めなかった。

鈍感なのか、シノギにせっぱ詰まっていたのか、

「それで、さっきの話だけど……」

と、しつこく食い下がったのである。

こうなると、N幹事長も、イエスかノーをハッキリさせなくてはならない。返事は端からノーに決まっているから、結果は気まずくなる。

「なんだよ。オレが頼んでいるのに」

「そんな言い方ねぇだろう」

R氏が返事を突きつめたがために、二人は険悪な雰囲気になったのである。

クライアントとの関係も、これと同じだ。

たとえば、リース会社営業マンのG君が同じような経験をしている。新型のコピー機が出たので、現在、リースで十台ほど入れているX社にバージョン・アップの営業をかけた。X社は中堅の建築設計事務所で、オーナーのワンマン会社だった。オーナーが「ウン」と言えば、それで決まりだった。

G君が熱心に製品説明をする。

ところがオーナーは、「フーン」「へえ」「そう」——と、ノリがイマイチで、話がすぐに脇道にそれてしまう。

「ですから社長——」

そのたびにG君が話を引き戻すのだが、何度目かの「ですから社長——」をやったときに、オーナーが不快な顔をして声を荒《あら》げた。

「しつこいね、キミも。いま我が社はバージョン・アップする気はないんだ」

G君とオーナーの友好関係は、このひと言で終わった。

オーナーにその気があるなら、

「それで、この機能はどうなるんだい？」

と、具体的な質問をしてくるのだ。

生返事を繰り返すというのは、

（その新商品には興味はないが、それをあからさまに言うと、キミとの人間関係を壊すことになる。だから胸中を察しなさい）

と、シグナルを送っているのだ。

G君はそれに気づかず、《熱心＝有能営業マン》と錯覚していたために、お得意を一社失ってしまったのである。

もしG君がシグナルに気づき、新製品の話はさっさと引っ込めて、オーナーと良好な関係を維持することに専念していれば、次にどんなビッグチャンスがあったかもしれないのである。

鏡に映る「自分の目」を〝他人の目〟で見るべし

「眼《ガン》を飛ばす」

という言葉がある。

地方によっては、

「眼をつける」

とも言う。

ご存知のように、相手の顔に視線を据えることで、

「テメエ、この野郎！　眼飛ばしやがって、やんのかよ！」

と、たいていケンカになる。

私も若いころは、ガンをつけたのつけないので、ずいぶんケンカをしたものだが、
考えてみれば、〝目の力〟とはすごいものではないか。

ただ見つめるだけで、相手は、

（この野郎、オレにケンカ売ってるな）

と、心中を察するのだ。

これが恋人同士なら、同じように見つめても、

（愛してる）

になる。

なるほど、目は口ほどにものを言うのだ。

ヤクザにとって視線は生命線だ。

眼光鋭く、周囲を威圧する〝目の力〟が備わっていなければ、ヤクザとして大成するのは難しい。

同業者のところへ掛け合いに出向いて、

「テメエ、この野郎！」

と、言葉に出して言ったのでは交渉決裂。その場でドンパチになってしまう。

だが、目なら構わない。

（テメエ、この野郎！）

と、目でタンカを切る分には、誰も文句は言えないのだ。

「なんだ、その目つきは」

と言おうものなら、

「親からもらった顔にケチつけるのか」

と、揚げ足を取られることになる。

だから目は、意思の伝達器官として、あるいは相手の真意を読む器官として、実に重宝なものなのである。

クライアントに、カタログや見積もり、企画書などを見せるときは、目の表情に注目だ。

「ほう、これは素晴らしい」

と、いくら口でおべんちゃらを言っても、目を見れば、相手の真意はすぐに見抜けるものだ。真意がわかれば、態勢を建て直し、真意に沿って話を進めればよい。

無能な営業マンは、「自分が売りたい製品」を売ろうとする。

だから売れない。

有能な営業マンは発想が逆だ。「クライアントが欲する製品」を売ろうとする。

だから売れるのだ。

言い換えれば、有能な営業マンとは、クライアントの真意を見抜くことができる人間のことを言うのだ。

そのために目がある。

暗い場所では瞳孔が勝手に開くように、目は意思に支配されない〝独立器官〟なのだ。だから昔の中国では、翡翠《ひすい》の売買をするときに、目を隠して値段交渉をしたと言われる。なぜなら目に表情が現れてしまうからである。

朝の洗面時、会社でトイレに行ったときなど、〝他人の目〟で「自分の目」を見てみるといいだろう。あなたの目に映った「あなたの目」が、他人から見た「あなたの真意」なのである。

頼まれ事の経験がない人間ほど、食い下がって墓穴を掘る

Q君は、健康食品関連の会社に勤めている。

所属は商品の企画開発部で、これまでいくつかヒット商品を生んでいる。まだ二十

八歳と若く、会社の将来を担うエースとして期待されていた。

そのQ君が、漢方を主体とした栄養クリームの商品を開発した。この商品は単価が安く、通販よりも廉価大量販売が向いていると考え、卸先を探していたところ、大学で仲のよかった先輩が、量販チェーン店の仕入れ担当になったという話を聞き込んだ。

さっそくQ君は先輩に連絡を取って本社を訪ね、熱心に商品説明をした。

説明を聞き終わった先輩は、

「よくわかった。健康関連の責任者とも検討して、週明けには連絡ができると思う」

と、前向きの返事をくれたのであった。

（なんとかいける）

Q君は喜んだ。

ところが週明けに掛かってきた先輩の電話は、

「悪いけど、今回は見合わせることになったよ」

申しわけなさそうに言った。

問題はここからだ。

「先輩、この商品のどこがまずかったんですか？」

不採用の理由を問い質したのだ。なぜ不採用になったのかわかれば、今後の営業にプラスになる——Q君はそう単純に考えたのだが、これは思慮が足りない質問だった。なぜか。

こういうケースで得る回答は方便であって、相手の真意ではないからだ。いや、真意が得られないどころか、そんな質問をしたために人間関係を壊すこともあるのだ。

もし、この商品に欠点があるとして、それを指摘することは、

「それが改善されれば再検討する」

という意味に受け取られかねない。

あるいは、このクリームにまったく商品価値を見いだしていないからといって、

「こんな商品じゃ、売れないよ」

と、ストレートに言うのは、Q君との人間関係において忍びないことになる。

つまり、

「今回は……」

と言葉を濁すのは、ハッキリと言えない理由を——人間関係を壊したくないという配慮から——先輩はオブラートに包んだ言い方をしているということなのだ。

それなのに、

「なぜですか」

と突っ込むのは、Q君の思慮の浅さということになる。ここは潔く引いて、先輩との人間関係を大事にすることで、次回のチャンスにつなげるのが賢明なやり方なのである。

ヤクザが依頼を断るとき、理由をハッキリ告げない場合が少なくない。

「その件については、ウチの組長と絡みがあるらしいんだ」

「なんとかしたいけど、ちょっと場面が悪いよな」

絡みだとか場面だとか、わかるようでよくわからない言葉をテコにして、依頼をやんわりと断る。曖昧な言い方をするのは、ヤクザがアバウトなのではなく、そう返事をせざるを得ない事情があるのだ。

そこに気がまわらないで、

「どういう絡みがあるんですか」

と、突きつめたのでは、人間関係がおかしくなるというわけである。

——お願いします、頑張ります、なぜです、どこが悪いんです……。

クライアントにグイグイ迫っていくのは、熱血漢でも何でもない。頼まれ事をされる経験が少ないため、相手の立場がわからないだけなのだ。だから「なぜ」と突きつめてしまう。頼まれ事の少ない人間とは、無能の代名詞なのである。

第6章

勝利の種をまく技術

人望を欲するなら、すべてに不公平であるべし

部下に公平であること――これが人望のある上司だとビジネス指南書にある。

バカなことを言ってはいけない。

「キミだからなんとかしよう」

こう言って特別扱いしてくれる上司だからこそ、部下の気持ちはグラリ、とくる。

だから人望は、不公平であってこそ得られるものなのだ。「公平」とは、要するに十《じっ》把《ぱ》一絡《ひとから》げに扱うことで、誰も感謝しない。誰からも感謝されない上司に、人望などあるわけがないのである。

クライアントに接するときも同じだ。

「この製品、定価から二割引かせてもらいます」

「悪いね」

「礼には及びません。どのお客さんにもそうしていますから」

これではクライアントは感謝しない。

「あなただから二割引かせてもらいます」

と言って初めて値引きは活きるのである。

この勘所《かんどころ》を熟知しているのがヤクザだ。

私にこんな経験がある。企業舎弟から、ある興行のパンフレットを頼まれたときのことだ。急ぎだったので、見積もりを出さないで制作し、請求書を送ったら、「高い」と言い出した。これには私もカチンときた。好きで引き受けたわけでもないし、彼の顔を立てて原価で制作したのだ。それを高いと言われたのでは、ケツをまくるしかない。

「じゃ、費用は結構です」

私が言うと、向こうがあわてて、

「払うよ。だけど、あんただから払うんだぜ」

私を特別扱いすることで恩を売ろうとするのである。

「不公平」という概念は、実に面白いもので、たとえば十人の部下がいて、十人のすべてに対して不公平に扱えば、それは「公平」なのである。特別扱いすることで一人に好かれ、二人に好かれ、そして十人に好かれれば、この上司は人望があると賞賛されるのである。

独り占めは狙わず、手柄を分けて成功率を上げる

シノギのヘタなヤクザは、分け前を最初に考える。

たとえば倒産で押さえた箱根の別荘があるとする。これを四千万円で売ろうとするのだが、一人で客付けする（客を探す）のは無理なので、何人かの仲間に声をかける。（顔が広いのはAとBとC……）

三人を仲間に入れて四人で仕事すれば、一人一千万円——と、こういう発想をする。

客がなかなかつかなくても、仲間は増やさない。

一人増やせば分け前は八百万円に下がってしまう。頭の中には「一千万円」がこびりついているから、損をした気分になるのだ。

だから、いつまでたっても仕事は成功しない。

シノギがうまいヤクザは、成功させることを最初に考える。

だから広く仲間を募る。

自分を含めて十人で客付けすれば、それだけ仕事の成功率は高くなるが、分け前は四百万円にしかならない。

「だけど仕事は成功してナンボだからね。爪ばかり伸ばしても、しょうがないんだ」

と語るのは、関東ヤクザで、某組の本部長をやっているG氏だ。「爪を伸ばす」というのは業界用語で、「欲をかく」ことを表す。

「人数が少ないと、一人頭《あたま》の分け前が多くなるから得したように思うよな。だけど、それは違うんだ。だって考えてみなよ。仲間が三人と九人とでは、九人のほうが、新たな仕事をくわえてくる可能性が三倍あるということなんだ。長い目で見れば、こっちのほうがトータルで得するってことなんだ」

まず、成功させること。分け前ばかり考えるのは、捕らぬタヌキのなんとやらで、画餅《がべい》にすぎないと、G本部長は言うのだ。

それに、分け前が少なくても、仕事の成功率を上げれば、

「あいつは仕事ができる」

という信用がつき、仕事が次々と舞い込んでくるというわけである。

ビジネスパーソンも同じだ。

手柄を独り占めしようとして仕事を抱え込んでしまうのは、無能のやることだ。仕事を成功させるために必要な人材は、どんどん仲間にくわえるべきなのだ。ヤクザのシノギも、ビジネスパーソンの仕事も、成功してナンボなのである。そして、手柄を仲間に分け与えることで、仲間から別の新しいプランやプロジェクトが持ち込まれる。こうして、成功率の高いビジネスパーソンになっていくのである。

「手段」と「目標」を混同すれば、必死の檄も空回り

「飛び込み営業一日百軒！　回りきるまで帰るな！」

外装の中堅リフォーム会社で、「鬼の営業部長」と呼ばれる私の知人は、毎朝、部下を送り出すとき、そう言って檄を飛ばす。

部下たちは檄に尻を叩かれ、部屋を飛び出していくと、一分一秒を惜しんで担当地

域の営業に走りまわる。実際、百軒回るまで帰ってこないのだと部長氏は胸を張るが、

「その割には成約の歩留まりがよくないんだ」

と、こぼす。

努力が空回りしているのだと言う。

「何かいい方法はないか」

と相談された私は、

「ノルマを飛び込み軒数ではなく、成約軒数にしてみてはどうか」

と、アドバイスした。

なぜかというと、某広域組織三次団体の兄ィが、若い衆を叱りつけていた言葉を思い出したからだ。

「シノギが苦しい？　バカ野郎！　いい若いモンがなに泣きごと言ってやがる。シノギが苦しけりゃ、恐喝してこい。街ん中にゃ、腐るほど人が歩いてるじゃねぇか！」

実に明快な檄であった。

手段はどうあれ、稼いでくればいい――こう言っているのだ。

翻って部長氏のように「一日百軒」というノルマを課す方法は、百軒回ることが目

標になってしまう。百軒回ることで、事足れりと思ってしまう。これでは成約軒数は増えないはずだ。

私のアドバイスに従って、この部長氏は、

「土下座しようが脅かそうが、何をしてもいい。一日一軒の成約を取ってこい！」

と、檄をヤクザ流に変えてみたところ、成約数は大幅に増えたという。

「百軒回れ」「五十人以上と名刺交換しろ」「五百軒の電話営業をしろ」――。これらは、子どもに「一日二時間、お勉強しなさい」と言うのと同じだ。子どもは言われたとおり二時間、ちゃんと机に座ってはいるが試験の成績は上がらない。

「方法論」や「過程」に課すノルマは、あくまでトレーニングであって、目標にさせるのは間違いなのである。

リスキーな仕事こそ「まかせてください」と胸を叩け

「ケンカは、負けて元々、勝ったら得する場合しかやらないことだ」

関東の長老ヤクザの「ケンカ必勝法」である。

もちろん渡世を張っている以上、メンツが絡めば、勝ち負けにかかわらず肚《はら》をくるのがヤクザだが、一家を預かる立場になると、ただケンカすればいいというものではないのだと、この長老は言う。

たとえば、A組がB組の縄張に進出したとする。うまく進出できれば得。失敗して元々——こういうケンカをするのだ。逆にB組にしてみれば、A組の進出を許せば縄張を侵食され、阻止して元々。分が悪いケンカということになる。だからヤクザに限らず、何事も攻めるほうが強いのである。

これをビジネスに当てはめてみると、どうなるか。

上司に意見を具申するときも、「失敗して元々、うまくいったら儲けもの」を基本とすべきなのだ。

「S社に営業をかけるべきだと思います」

ライバル会社の得意先を攻めるべし、という意見を具申し、うまくいけば大殊勲賞、失敗しても、元々がライバル会社の得意先なのだから損はない。

「やはり難しいですね」

とでも言っておけば、積極的な姿勢が評価されることはあっても、マイナス評価になることはないというわけである。

もちろん、いつもそう都合よくいくとは限らず、リスキーな企画提言や新規ビジネスを提言しなくてはならないときもある。

そんなときはどうするか。

「ちょっと難しそうですが」

と、誰しも保険をかけたくなるが、それは逆効果。

なぜならリスキーであることは、上司が百も承知なのだ。それをわざわざ〝ヤバイ〟と言われて喜ぶ上司はいない。

ここは思いきって、

「リスキーではありますが、まかせてください」

と、胸を叩くのだ。

うまくいけば、「さすがだ」と、評価は一変。失敗しても、元々リスキーな仕事なのだから、それほどマイナス評価にはならないというわけである。

野球やサッカーのファインプレーと一緒で、うまくいけばヤンヤの喝采。うまくいかなくても、ボールに食らいついていけば、これまた拍手というわけである。

〝善意の第三者〟を装いつつ、しっかり利益を得る

「わしはええねン。せやけど、組長《オヤジ》の顔、どないしてくれるんや」

第三者を引き合いに出し、それを大義名分として相手を追い込む——ヤクザの定石とも言える手法である。

「じゃ、これで勘弁してください」

「アホか、オノレは！　そないな半端なゼニ、どのツラさげて組長に持っていけるんや！」

第三者の〝代理人〟だから、イケイケである。

攻められるほうも、「組長」は大義名分だとわかってはいるが、そんなことを口にしようものなら、

「ほなら、何か。わしが組長をダシに使《つこ》うとる言うわけやな。こらッ、オノレ！　も

うぃっぺん言うてみぃ！」

と逆上され、話はさらにややこしくなるという次第である。

「わしはええねン」

というヤクザの常套句《じょうとうく》は、ビジネスパーソンにも使える。

「念書を入れてください。私はいいんですが、部長が……」

「着手金をお願いできますか。私はいいんですが、経理が……」

言いにくいことも、ガンガン要求できる。

もちろん《私》を《我が社》に置き換えてもよい。

「我が社はいいんですが、外注先の経費はみてやらないと……」

「我が社は違約金は請求いたしませんが、外注先はそうもいきませんので……」

《外注先》をダミーにして経費を請求する。

人間は、「私はいいが、○○のために」と言われると、「なんとかしなければ」と思うものだ。

クレームをつけるときでもよし、お願い事をするときでもよし。

「私はいいんですが……」

と、ヤクザは威圧的に、ビジネスパーソンは下手に攻めるのがコツなのである。

時間に遅れるときの言い訳は、あくまで漠然としたものに

ヤクザは時間厳守だ。

約束の三十分以上前には到着している。

なぜか。

「そら、あんた、時間は時間やで」

「なぜって、時間を守るのは当たり前じゃないですか」

ヤクザ諸氏に理由を訊いても、当人たちもイマイチよくわかっていないようだが、
私が察するに、相手より到着が遅くなると、

「やっ、どうも。お待たせしました」

と、頭を下げるところから始まる。

約束の時間より早かったとしても、相手のほうが先に着いて待っていれば、どうし

ても気持ちの上で一歩退《ひ》いてしまう。

たぶん、これを無意識のうちに嫌っているのではないだろうか。安目《やすめ》は絶対に売らないヤクザにしてみれば、時間に遅れて詫びを口にするなど考えられないことだろう。

時間にルーズな人間は、ヤクザもビジネスパーソンも信用をなくす。

時間厳守は当然として、もし遅れそうになったときにはどうすべきか。

これによって、評価はガラリと変わってくるのだ。

途中で、遅れる旨の電話を入れるのは当たり前だが、問題はその理由である。

「寝坊しまして」

「忘れ物をしまして」

というホンネは論外としても、話をつくりすぎるのも禁物なのである。

たとえば某大手建築会社のK君は、クライアントと午前十時に先方の会社で打ち合わせがあったが、書類の用意に手間取り、三十分ほど遅れそうになった。

途中で電話を入れ、

「申しわけありません。新入社員が交通事故に遭いまして……」

その処理に手間取ったのだ――と、咄嗟に思いついたウソで言い訳した。

ところが、クライアントはずいぶん心配してくれて、事故の状況やケガの程度を訊いてくる。こうしてK君は、やむなくウソにウソを重ねることになった。

そして、数日後。

K君が、別件で上司とこのクライアントを訪ねたところ、

「交通事故に遭った後輩は退院しましたか？」

「交通事故？」

上司が素《す》っ頓狂《とんきょう》な声を上げた。

こうしてK君のウソはバレ、クライアントは激怒。K君を出入り禁止にしたのであった。

K君のウソは具体的すぎたのだ。バレるとヤバイという不安から、リアリティを演出しようとして、つい言いすぎてしまったのだ。

言い訳は漠然と、

「申しわけありません。ちょっと社員に不幸がありまして」

と、この程度にしておく。

クライアントは、

「ほう、どんな不幸があったんですか？」

とは訊かないもので、

「それはそれは……」

と同情されて、この話題は終わりになるというわけである。

ビジネスパーソンの能力は、パーティーの登退場でわかる

親分の見せ場は、なんと言っても「登場」と「退場」の場面《シーン》である。葬儀や襲名披露、パーティーなど、黒服がズラリと勢揃いする会場へ、ベンツのリムジンが前後にお供のクルマを従えて到着。若い衆が後部座席をサッと開き、ボディーガードが周囲を睥睨《へいげい》するなかを、親分がリムジンからゆっくりと降り立つ。

「ウッス」

「ご苦労様です」

黒服が一斉に頭を下げる……。

映画などでおなじみの一シーンだが、実際に見ると実にカッコいいのだ。まさにこのシーンこそ権力の象徴であり、親分にとって檜舞台なのである。

（いつか、オレも）

と、若い衆は親分に憧憬《どうけい》し、ヤクザ道に邁進《まいしん》する強烈なモチベーションとなる。

ただし、このシーンのポイントは、黒服が先に勢揃いしていることだ。親分が一番乗りしたのでは、前記のような印象深い場面にはならない。帰るときも同様で、サッと席を立ち、黒服に見送られるなかを帰るから絵になる。長っ尻《ちり》して最後に出たのではだめなのだ。

実は、このことは親分に限らず、政治家も、ビジネスパーソンも、学生も、すべて同じことが言えるのだ。

たとえば、政治家。彼らはパーティーが始まってから駆けつけ、宴半ばで去っていく。それもコソコソしないで、賑やかに登場して、賑やかに去っていくのである。

これを見て、会場の出席者は、

「○×先生は忙しいにもかかわらず義理堅い人だ」

と感心する。

ただし「堂々たる態度」がポイント。

コソコソと隠れるように登退場してしまうと、

（遅れてきたことを恥ずかしがっているな）

と、思われてしまうのだ。堂々と現れれば、「多忙のため本来なら欠席するところを、わざわざ駆けつけた」というイメージになるわけである。

退場も同様で、「フケる」と言うように、我々はいかに目立たないよう会場からフェードアウトするかを考えるが、これは間違い。

「なんだ、あいつ。いつも途中でいなくなるんだから」

と、マイナス評価になってしまう。

特にクライアント主催のパーティーでは要注意。業者の出欠、会場での様子はしっかりチェックされている。わざわざ時間を割いてパーティーに出席して、評価を下げたのでは割に合わない。

逆に、そっとフケるのではなく、

「次の約束があるんで、お先に！」

できるだけ目立つように退室すれば、

「○×さんは忙しいんだな」

と、プラスの評価になり、しっかり元を取って帰れることになる。

パーティーに限らず、「いつ登場して、いつ去るか」は重要だ。有能なビジネスパーソンは、登退場の仕方に印象的なパフォーマンスを演出し、無能なビジネスパーソンは漫然と現れ、漫然と去っていくのである。

飛躍を望むなら、鏡に映る自分の顔を客観評価せよ

あなたが鏡で自分の顔を見る場合、顔の何を見ているだろうか。

（ちょっと顎がたるんできたな）

（シミが増えたみたい）

（鼻毛が覗いてるな）

たぶん、こんなところだろう。

ヤクザは——特に駆け出しの若い衆は——必ずと言っていいほど、鏡に向かって表

情をつくる。渋面であったり、眼《ガン》を飛ばしたり、瞳孔を絞ってみたりと、表情をチェックする。

一般市民が〝自分の目〟で「自分の顔」を見るのに対して、ヤクザは〝他人の目〟で「自分の顔」を見る。つまり、街行く自分はどういうふうに見えているのかを鏡でチェックするわけだ。

(なんだかニヤケてんな)

と思えば、目を三角に吊り上げてみる。

イマイチ迫力に欠けると思えば、顎を引いて斜に構えてみる。

ヤクザはナメられたら終わりなのだ。《顔の造作》をチェックするのが一般市民なら、《顔の表情》をチェックするのがヤクザということになる。

ビジネスパーソンも二通りに分かれる。

〝自分の目〟で「自分の顔」を見る人と、〝クライアントの目〟で「自分の顔」を見る人だ。前者が無能で、後者が有能なビジネスパーソンであることは言うまでもないが、さらに上をいくビジネスパーソンは、クライアントを訪ねて挨拶したときから商品説明まで、鏡に向かって表情をつくってしゃべりながら、

（この男は信用できるか、誠意があるか、人間としてどうか……）

〝クライアントの目〟で見てみるのだ。

表情をつくってごまかせと言っているのではない。クライアント――すなわち「相手の立場に立って、自分を見る」という客観的な視点を持たない人間は、ビジネスパーソンとして大成しないということを言っているのだ。

試しに鏡に向かって、自分の顔を第三者の目で、まじまじと見てみるといい。

（これが自分なのか？）

と、鏡の中に新たな自分を発見して驚くことだろう。

その「新たな自分」が、未来へ飛翔するカギなのである。

金と儲け話は、金があると思える人間に集まってくる

大卒のヤクザを「インテリヤクザ」と呼ぶ。

だが大卒も玉石混淆《こんこう》で、カミソリのように切れる知能派もいれば、猛獣と間違うよ

うな肉体派もいる。要するに頭《おつむ》のデキに関係なく、「大学卒業」という客観的事実を以《もっ》て「インテリヤクザ」と呼ばれるのだ。

では、金持ちかどうかはどこで見極めるか。

卒業証書のように「金持ち」という証明書があるわけではない。預金通帳や土地家屋の登記簿謄本を見せればわかるが、そんなものを持ち歩く人はいないし、見せる人もいない。邸宅に住んでいるからといって、自分の家とは限らない。

つまり金持ちかどうかは、勝手に推測するしかないのだ。

ヤクザがブランド物の高級スーツを着て、ベンツを乗りまわし、高級クラブで札ビラを切れば、シノギは潤沢なのだろうと推測する。ヤクザ金融に〝追い込み〟をかけられていても、そんなことは表面からはわからないのだ。

そして――ここがポイントだが――「金と儲け話は、金のある人間に集まる」というのが普遍の原理だ。

いや、正確に言えば、

「金があると思える人間に集まる」

ということなのだ。

「ボロは着てても心は錦」で通用するのは、誰もが、「あの人はお金持ちだ」と知っている場合だけで、我々のような一介の市井人《しせい》がボロを着ていたのでは、お金も、儲け話もやってくるわけがないのである。

この心理を熟知しているから、ヤクザはベンツに乗り、高級クラブに出入りし、羽振りのよさをアピールすることで、儲け話が飛び込んでくるのを待っている。もちろん幹部クラスになると、実際に羽振りのいい人間も多いが、ベンツに乗りながらガソリン代に事欠くヤクザがいることもまた事実なのである。

ビジネスパーソンも同様だ。

ヨレヨレのスーツと、英国調の高級仕立てのスーツとでは、どちらが有能なビジネスパーソンに見えるだろうか。ワイシャツもしかり、ネクタイもしかり、靴もしかり――。服装は仕事を呼び込む小道具なのだ。安ければいいと考えるのは間違いなのである。

ただし、あまり過ぎたオシャレは逆効果。誰の目にも高価に映るスーツは、ビジネスには違和感がある。オシャレは他人より二割増し――これがビジネスパーソンの基本なのである。

できる人間は、目的に応じて飲食店を使い分ける

広域組織の企業舎弟で金融ブローカーのI氏は、五十代半ば。仕立てのいいダークスーツに白髪がよく似合い、一見して大企業の重役のようだ。

このI氏が仕事で人と会うときは、千代田区にある一流ホテルのラウンジを使う。最上階にあって眺望が素晴らしく、窓の外を見ているだけで気分がいいからだと言う。

しかも便利だ。

雨が降っていても、地下駐車場からそのままロビーに上がれる。空調もいい。トイレもきれいだ。必要なら、その場で部屋も取れる。食事もできる。酒も飲める。これほど便利な場所は、確かに他にはないだろう。

そして一流ホテルの何よりの効用は、話のスケールが大きくなるということだと、I氏は言う。ン億、ン十億円の話がごく自然にできる。手形のパクリなど金融事件を

仕掛けるには、舞台装置は重要な役目を果たすのだ。

「だって、そうでしょう。煙が立ちこめるような小汚い焼き鳥屋で、酎ハイを飲みながら億単位の話をしたんじゃ、リアリティがない。話ってのは、店の格と雰囲気に正比例するんです。デートを思い浮かべてみてください。焼き鳥屋と高級フランス料理店とでは、話の内容も、質も、口調さえも変わってくるはずです」

場所が人間の心理に大きく影響を及ぼす以上、ビジネスパーソンもそれを利用しない手はない、とI氏は言うのだ。

たとえば、部下を情で絡めようとするなら、小料理屋のようなアットホームな雰囲気の店がいい。熱燗を差しつ差されつするうちに、話題は自然とプライベートなものになっていくはずだ。

自分の力を部下に見せつけておきたければ、高級フランス料理のレストランに連れていく。話題は、日本経済や社の将来、ビジネスパーソンとしての在り方など、ちょっと気取ったものになる。一流レストランでは、部下の口から愚痴は出にくくなり、逆に愚痴をこぼさせて本音を引き出したければ居酒屋がいいだろう。

意外に見落とされているのがホテルの昼食ではないか、とI氏は言う。

「私は打ち合わせでよく利用しますよ。ビジネスランチってやつですね。一流ホテルの一流のサービスが、ランチなら数千円で受けられるんですから、これは商談の場所としては狙い目ですよ」

夜だと、どうしても酒になり、相手が酔って話がグズグズになることもあるのだと言う。

それにI氏は紳士とはいっても、それは仮面で、正体はヤクザなのだ。不用意な発言はもとより、それ然とした仕草や表情を酒につられて出さないよう、己を殺して飲まなければならない。だから身体に悪いのだと笑う。

ただし、ビジネスランチはあくまで一流ホテルで食べること。定食屋や牛どん屋などでは逆効果。商談は「あくまで豪華に優雅に」が基本なのである。

一流のビジネスパーソンになる早道は、一流をマネすること

「バカでなれず、利口でなれず、中途半端でなおなれず」

ヤクザとして大成することの難しさを言った有名なフレーズである。

では、どんな人間がヤクザになるのか。

社会学的な意味ではなく、資質の話だ。

一般的には、「小さいときからきかん坊で、ワルで、ケンカが強い」といったイメージを抱くだろう。

実際、そういう人間は少なくない。

だが、

「ケンカが強いからヤクザになる」

というのは間違いで、

「ヤクザだからケンカが強い」

と解釈すべきなのだ。立場や地位が人間をつくると言われるように、組に入れば、自然とヤクザになっていくのである。

立ち居振る舞いとイメージは、大きく関係してくる。

たとえば大物政治家は、腹に響くような、太くて低い声で話す。だが留意すべきは、「大物政治家」だから「太くて低い声で話す」のではない。

逆なのだ。

「太くて低い声で話す」から「大物政治家」に見えるのだ。

心理学でよく引き合いに出されるのが、ブッシュ元大統領（父親）のイメージ戦略だ。『仕事に役立つ心理学』（渋谷昌三著・三笠書房）によると、アメリカ大統領選挙の敏腕プロデューサー、ロジャー・エールズは、ブッシュ元大統領を「人間的な温かみのある、大統領にふさわしい力強い人物」というイメージに仕立てるため、

「低い声でゆっくり話す」

「話すときに、しばしば微笑んで平静さを強調する」

といった態度をとらせたという。

ここなのだ。

ブッシュ元大統領は、「人間的な温かみのある、大統領にふさわしい力強い人物」だから「低い声でゆっくり話す」のではなく、「低い声でゆっくり話す」から「人間的な温かみのある、大統領にふさわしい力強い人物」に見えるのである。

この因果関係でいけば、一流ビジネスパーソンになるには、服装から話し方、歩き方、報告の仕方……等々、一流ビジネスパーソンのマネをすればいいということにな

る。

そんなことをマネしただけで、一流ビジネスパーソンになれるわけがないと考えるのは、人間が潜在的に有する可能性を知らない人だ。試しにヤクザの格好をマネして街を歩いてみるといい。立ち居振る舞いだけでなく、価値観や思考までヤクザになっていく自分が、すぐにわかるはずである。

同様に、一流ビジネスパーソンのマネをしているうちに、それにふさわしい自分になるよう無意識に努力をするようになる。ここが人間の面白く、また素晴らしいところなのである。

第7章

大逆転を呼び込む技術

自分に有利なウワサを流したければ、不幸を装え

ウワサは確証がない。

作為でウソを流していることもある。

それでもウワサに惑わされるのは、

「火のないところに煙は立たない」

という思いがあるからだ。

利害が複雑に絡まり合う現代社会においては、先手必勝。火が出てから対処したのでは後れをとるため、煙を察知した段階で動こうとするのは当然だろう。

ウワサ――すなわち情報に敏感に反応するのはヤクザだ。

「裏社会」という言葉があるように、彼らは独自の社会を構築し、独自の伝達網を持っている。系列組織、組織同士の親戚づき合い、組織を超えた義兄弟など、情報ネットは網のように張りめぐらされており、ウワサや情報は瞬時に全国を駆けめぐる。

たとえば、東京でヤクザ組長が拳銃で射殺されたとすれば、

「どの組の誰が、どういう理由で指示し、誰が引き金を引いて、いまどこに逃げ、殺《や》られた組は返しをどうするか」

といった情報《ウワサ》が、北海道から沖縄まで瞬時に駆けめぐる。警察情報より早くて確度が高いため、捜査員は、普段から情報源としているヤクザに当たったりするのだ。

では、なぜヤクザは情報に鋭敏なのか。

それは、ヤクザ社会が弱肉強食であるからだ。隙あらば、他組織の縄張《シマ》を侵食しようとする。ヤクザは肉食動物と同じで、自ら食物を生産することなく、他の弱い動物を食すことで生命を維持しているため、常に自分より弱くてエサになる動物を探さなければならない。トラといえども飢え死にすることもあるのだ。

一方、弱い動物は、強い動物が忍び寄ってこないか、目を見開き、耳をそばだてて周囲を窺う——これがヤクザの世界なのだ。

言い換えれば、情報に鋭敏に反応するということであり、有能なヤクザは故意に情報を流すことで、自分に有利にコトを運ぼうとする。

「最近、○×組といいつき合いをしてるらしいぜ」

「凸凹組がケツ見てるって話だな」

大手組織と親密だという情報を流して他組織を牽制したり、「仕事ができる」という評判を流してシノギを盛んにしたりするなど、情報は集めるだけでなく、積極的にまき散らすのだ。

このまき散らすという発想が、ビジネスパーソンには希薄なのである。

では、どうやってウワサをまき散らすか。

会社の〝情報通〟を利用するのだ。いわゆる〝スピーカー〟と呼ばれる人間で、この人間に漏らせば、たちどころに全社のウワサになるわけだが、ここでテクニックが必要となる。

アナウンスして欲しい情報を、ダイレクトに伝えてはだめなのだ。

たとえば専務に可愛がられているというウワサを立てようとして、

「最近、専務に目をかけられてさ」

と、やったのではマイナス効果。「他人の不幸は蜜の味」と言われるように、〝他人の不幸〟でなければウワサとして伝播《でんぱ》していかないのだ。

だから〝スピーカー〟は嫉妬から、こうアナウンスするはずである。

「××のヤツ、専務に目をかけられているって、必死で吹聴しているみたいだぜ。リストラ候補になったんじゃないか」

ウワサで専務を利用しようとするなら、

「専務に頼み事をされたんだけど、うまくいかなかったんだ。どうしよう……」

と不安な顔をして見せる。〝蜜の味〟を提供するのだ。

すると〝スピーカー〟はすぐさま、

「××のヤツ、専務の頼み事でドジ踏んだらしいぜ。青い顔して、かわいそうに」

と、面白がってアナウンスしてまわる。

ところが、このウワサを耳にした上司の課長、部長の反応は複雑だ。

（ほう、××君は専務から頼み事をされるような男なのか）

と感心し、一目置くようになったのである。

小細工などしないで、〝サラリーマン金太郎〟のように真っ向勝負という生き方もある。それはそれで素晴らしいことだ。

だが、ヤクザはこう言うだろう。

「眠たいこと言うてからに、勤め人はうらやましいこっちゃで」

「人間的魅力」は、上手なウソがつける人間に宿る

肩を揺すり、眼《ガン》を飛ばして金になるのはチンピラだけだ。

「なんだ、テメエ！　オレの顔に何かついてんのか！」

インネンを吹っかけ、狂犬のごとく嚙みつけばいい。

だが、組長や幹部になると、そうはいかない。

組織を背負っているからだ。

「なんだ、テメエ！」

と、いちいち嚙みついていたのでは、パクられてトップ不在になり、組はバラバラになってしまう。チンピラ時代、暴力を武器にノシ上がって幹部になったら、今度は言葉を武器にして組織を維持する――これが一流ヤクザの成育過程なのである。

言葉を武器にするということは、相手を脅すのではなく、友好な人間関係を築く手

段として用いることを指す。具体的には、スポンサー筋の旦那衆の信頼を得て、いかに気持ちよくつき合ってもらえるか、ということである。

すでに故人になったが、関東の長老であるS会長は人格者として知られる。特にカタギの旦那衆から人望があり、早朝から来客が絶えなかった。政治家に陳情するのと同じで、S会長は頼まれる側であったが、威張ることは一切なかった。

威張るどころか、

「あなたとは、頭が冴えている朝一番で話をしたかったんです。私も年ですから、アッハッハ」

早朝の客には、こう言って気をよくさせ、最後に後回しになった客には、

「あなたとは、じっくり話をしたかったので、最後にさせてもらいました。悪しからず」

と、気持ちをくすぐった。

ヤクザの大物親分なのだから、相手の機嫌を取ることなどないのだが、S会長は、自分が恐れられていることを承知しているからこそ、腰を低くして接したのである。

これに客はシビレた。

S会長に会った客は、たいていファンになった。だから客は引きも切らず、S会長率いる某一家は、いつもシノギは潤沢であったというわけである。

某スーパーで仕入れを担当するR部長は、納入業者からの評判がいい。仕入れ担当者というのは、たいてい威張っている。業者が新規に食い込もうとすると、アポを取るのも大変なのだ。

ところが、R部長は業者に人望があった。

なぜか。

業者の立場になり、親身になって商談に応じるからだ。待たせれば謝る。朝早くのアポになってしまえば詫びてねぎらう。これに業者は恐縮するのだ。

S会長がそうであったように、威張って当然の人がへりくだると、人間は恐縮し、感激するものなのだ。だからR部長のところには、業者がいい品物を他店より安く納入してくれるのである。

おべんちゃらを言えというのではない。拳銃が殺傷する武器であるのに対して、言葉は、相手を活かし、相手の心を取り込む武器なのだ。そして、言葉の武器を上手に使うことを「方便」と言うのだ。

「あなたとは、じっくり話をしたかったので、最後にさせてもらいました。悪しからず」

と言うから、相手は気をよくするのだ。

「あなたは小物だから、最後に回しました」

と、言えば——たとえ相手がそれを自覚していても——気分のよかろうはずがないではないか。

「魅力ある人間」とは、相手を幸せな気持ちにさせるよう、上手にウソがつける人間のことをいうのだ。

押しつけタイプの中間管理職は、ケツをまくって窮地に追い込め！

Ａ建設のＤ営業課長は、部下から「ドッグ」と呼ばれている。

犬は用便をした後、後ろ足で砂をかけて隠そうとするが、D課長はそれに似て、失敗の責任を部下におっかぶせてしまう。

だから軽蔑の意味を込めて、

「ドッグ」

と、部下たちは陰で呼んでいる。

ドッグの部下で、マンション販売を担当するM君が、契約を結んだ後になって、お客さんとトラブルを起こした。

「よく書類を見たら、金利が約束より〇・二パーセント高くなっている」

と、クレームをつけてきたのだ。

M君は、自分には落ち度がないことを丁重に説明したが、相手は納得せず、

「金利を下げろ。それが嫌なら訴訟に持ち込み、マスコミを通して広く世間に告発するぞ」

と言い出した。

どうやらクレーマーのようだ。

「課長、今後のこともあります。ここは毅然たる態度をとるべきです。裁判、受けて

立ちましょう」

と、熱血漢のM君がD課長に迫った。契約にはD課長が立ち会い、課長の前でM君が契約内容を相手に説明し、質問を受け、納得の上でハンコをついたのだ。A建設側には落ち度はまったくなかった。

ところがD課長は、

「バカなことを言うんじゃない。我が社のイメージに傷がついたらどうするつもりだ。キミの責任においてなんとかしたまえ」

と、例によって、後ろ足で砂をかける〝ドッグ・スタイル〟をとったのである。

いくらM君が正しくても、社の上層部はトラブルを嫌う。ことに住宅関連は、手抜き工事などによる欠陥マンションが社会的な問題になっているだけに、客とのトラブルは絶対に避けなければならない。いわんや裁判など、とんでもない——というのが上層部の方針だった。

だからD課長は、自分の指示で話を進めたにもかかわらず、M君に責任を押しつけたというわけである。

困ったのはM君だ。

相手がクレーマーである以上、一定条件を出さなければ、この問題はおさまらない。

さりとてD課長は知らん顔。

「どうすればいいでしょう」

と、M君がアドバイスを求めても、

「キミの担当だろう。自分で考えたまえ」

と、これまた〝ドッグ・スタイル〟であった。

気の毒に、板ばさみにあったM君はノイローゼ寸前、わずか十日足らずで、目が落ちくぼむほど痩せてしまったのである。

M君のこの話を、上京組で関西系X組のG若頭に茶飲み話でするると、

「なに言うてまんねん。そんなん、課長にケツまくったらよろしがな」

と言って笑った。

G若頭は、下の者ほどケツをまくれ、と言っているのだ。

なぜかと言えば、ケツをまくって話をブチ壊しても、下の者は失うものがないからである。反対に上の者は営々と築き上げた地位と生活がある。監督責任を問われれば、それを失うのだ。下の者に大きな顔をして命令してはいるが、ひとたび若い衆にケツ

をまくられると、非常に困った立場に立たされるのである。

私がアドバイスして、M君に辞表を持たせた。まだ若い。いくらでも再出発できるし、今度の一件がこじれたら、どうせ詰め腹を切らされるだろう。

「だったら、こっちから辞める手だ」

と、私は言ったのである。

D課長はM君の辞表を見て、眼を剝《む》いた。M君が辞めれば、D課長が矢面に立つことになる。

だから、あわてた。

「早まらないでよ、M君。例の件については、私も一緒に先方に会うからさ」

いつもの尊大な態度が一変、猫なで声で慰留を始めたのであった。

どの世界でもそうだが、下の者に造反されて困るのは上の者なのだ。いくら下の者が間違っていても、「若い者一人御《ぎょ》せなくてどうする」と、さらに上の者から責任を問われる。

中間管理職の実体を知れば、上司の操縦など、たやすいものなのである。

失敗も謝り方によっては、その結果に天地の差

どんな優秀なビジネスパーソンであっても、連戦連勝というわけにはいかない。

誰しも過去を振り返れば、

（あのときは本当にヤバかった）

と、冷や汗をかくような失敗を経験していると思う。

だが失敗は過去のものではなく、これから先も起こり得る。失敗は〝必要経費〟のようなものだから、失敗をいたずらに恐れるのではなく、むしろ「失敗はあるはず」と前向きに考えたほうがいいだろう。

いや失敗は、対処によっては、チャンスに転じることもあるのだ。

失敗したり、クライアントに迷惑をかけたと思ったら、何はともあれ、すぐさま謝りに出向くこと――これが鉄則である。

出向くのは誰しも気が重いものだが、いたずらに時間を引き延ばしていると、相手

は迷惑を被《こうむ》ったことよりも、謝りに来ないことに腹を立てる。これが人間の感情というものだ。だから何をおいても謝りに行くこと。

もちろん――これが何より重要なことだが――手ぶらで行かないことだ。ヤクザは言われなくても、誠意を見せて詫びるときは、小指を詰めて持って行くではないか。ただゴメンナサイでは、子どもの使いなのである。

ただし、ヤクザのように小指を持って行けと言っているのではない。

金品を持って行けと言うわけでもない。

「もう一度、チャンスをください」

という〝言葉〟のお土産を持って行くのだ。

なぜかと言えば、

「チャンスをください」

という言葉には、「これから先も関係は継続する」ということが前提になっている。

だから、

「わかった」

という返事さえもらえば、これまでどおりビジネスは継続できる。

ところが、

「お許しください」

というお詫びは、いま現在の失敗に対して許しを乞うているわけで、

「わかった」

という返事は、必ずしもビジネスの継続を意味しない。

しかもお詫びは、ひたすら頭を下げるだけだから、クライアントとしても「イエス」か「ノー」の返事しかしようがない。受け身のため、フラストレーションが溜まってしまう。

しかし、

「チャンスをください」

という問いかけには、いま言ったようにビジネスの継続が前提になっているから、クライアントは受け身でなく、

「わかった、今回は許そう。その代わり……」

と、今後に向けての積極的な意思を述べることができる。

これによってクライアントの怒りは薄らぎ、自らチャンスを与えた気持ちになって、

新たな二人三脚が始まることになる。そして、これによって成果が出れば、クライアントとの結びつきはより強固なものになるというわけである。

失敗は、前途を開くチャンスなのだ。

頭を抱えるのではなく、万歳するべきなのだ。

失敗を好機だと前向きにとらえる限り、「失敗」は存在しないのである。

ゴミのような情報を大バケさせる「ヤクザ流情報活用術」

《情報通》と《情報オタク》は、似て非なるものだ。

「A社、危ないらしいよ」

「B社の社長は今期で退陣だってさ」

「C社はリストラやるらしいよ」

本人は得意になってしゃべっているが、

「だからどうした」

と突っ込まれたらそれまで。

返答に詰まって、

「そんな言い方しなくてもいいじゃないか」

と、口を尖らせてお茶を濁すことになる。

このタイプは、パーティー会場で熱心に名刺を集め、後で見せびらかす《名刺オタク》と同類で、《情報オタク》と呼ばれる。どちらも「自慢バカ」という点で、仕事ができない人間の典型である。

情報は、集めるだけでは意味がない。「知ってる、知ってる」で座長になれるのは井戸端会議のオバちゃんだけだ。集めた情報をどう活かすか――ここが、勝負なのである。

前にも述べたように、「情報の価値」を熟知しているのは、ヤクザだ。

なぜか。

情報が稼ぎ《シノギ》に直結することを本能的に知っているからだ。

たとえば、こんな話がある。

関東某市を縄張にするK組のP組長は、商店会の会長がフィリピンパブの女に熱を上げているという話を耳にしていた。商店会のメンバーたちは、会長がフィリピンの女に〝ボケて〟いることから、「ピンボケ」などと呼んで笑っていた。

そんなある日のこと。

Ｐ組長の耳に、都内のパチンコ店が出店の土地を物色しているという情報が入ってきた。駅前に格好の土地がある。駐車場になっているが、ここは〝ピンボケ〟の所有だ。

「おい、〝ピンボケ〟のところへ行って、駅前の駐車場を売るように話《ナシ》ぶってきな」

Ｐ組長が幹部に命令すると、

「組長《オヤジ》、あそこは無理です。欲かいて値上がりを待ってるんですから」

幹部は首を横に振ったが、

「いや、放すさ」

Ｐ組長はニヤリと笑って、自信たっぷりに言いきった。

そして、翌日。

「組長《オヤジ》、話《ナシ》がつきました」

幹部が感嘆の声で電話を入れて《つなぎ》きたのである。

P組長は、パチンコ店の出店情報を耳にしたとき、《会長がフィリピーナに狂っている→金がいる→土地を売らせる》——という図式が瞬時に閃《ひらめ》いていた。

出稼ぎに来ている外国人ホステスは、〝パパ〟をつかんだら、次はマンションをおねだりする。

P組長が睨《にら》んだとおり〝ピンボケ会長〟は、女からマンション購入をねだられていたのである。

個々の断片に過ぎない情報も、モザイクのように組み合わせることで〝大バケ〟する——これが「情報を活かす」ということなのだ。

※本書に登場する人物・団体名はすべて仮名です。
実在する人物・団体名とはいっさい関係がありません。
※本書は『ヤクザ式　ビジネスの「かけひき」で絶対に負けない技術』（2003年／情報センター出版局）を加筆修正して文庫化したものです。

知恵の森
KOBUNSHA

ヤクザ式《しき》 ビジネスの「かけひき」で 絶対《ぜったい》に負《ま》けない技術《ぎじゅつ》

著　者――向谷匡史（むかいだに ただし）

2011年　4月20日　初版 1 刷発行
2016年　4月10日　　　10刷発行

発行者――駒井　稔
組　版――萩原印刷
印刷所――萩原印刷
製本所――ナショナル製本
発行所――株式会社 光文社
東京都文京区音羽1-16-6 〒112-8011
電　話――編集部(03)5395-8282
書籍販売部(03)5395-8116
業務部(03)5395-8125
メール――chie@kobunsha.com

落丁本・乱丁本は業務部でお取替えいたします。
ISBN978-4-334-78578-9　Printed in Japan